CAMBRIDGE LIBRARY COLLECTION

Books of enduring scholarly value

Linguistics

From the earliest surviving glossaries and translations to nineteenth-century academic philology and the growth of linguistics during the twentieth century, language has been the subject both of scholarly investigation and of practical handbooks produced for the upwardly mobile, as well as for travellers, traders, soldiers, missionaries and explorers. This collection will reissue a wide range of texts pertaining to language, including the work of Latin grammarians, groundbreaking early publications in Indo-European studies, accounts of indigenous languages, many of them now extinct, and texts by pioneering figures such as Jacob Grimm, Wilhelm von Humboldt and Ferdinand de Saussure.

Litteratur der Grammatiken, Lexika und Wörtersammlungen aller Sprachen der Erde

Johann Severin Vater (1771–1826) was professor of theology and Oriental languages at Halle, but his wide-ranging linguistic interests included Slavonic and Native North American languages (the latter classified using data provided by Alexander von Humboldt). This book, first published in 1815, describes itself as a bibliography pertaining to 'all the languages of the world'. It is a monument to late eighteenth-century research into languages and linguistics, listing for each of its entries relevant texts with lexicons and grammars of the language in question. It was a valuable resource for nineteenth-century philologists, and its intended reach beyond the German-speaking scholarly world is indicated by the fact that the German text is accompanied by a Latin translation throughout. As well as including many Asian languages, the book recapitulates Vater's research on Native American languages, his knowledge of which was virtually unrivalled in Europe at that time.

Cambridge University Press has long been a pioneer in the reissuing of out-of-print titles from its own backlist, producing digital reprints of books that are still sought after by scholars and students but could not be reprinted economically using traditional technology. The Cambridge Library Collection extends this activity to a wider range of books which are still of importance to researchers and professionals, either for the source material they contain, or as landmarks in the history of their academic discipline.

Drawing from the world-renowned collections in the Cambridge University Library, and guided by the advice of experts in each subject area, Cambridge University Press is using state-of-the-art scanning machines in its own Printing House to capture the content of each book selected for inclusion. The files are processed to give a consistently clear, crisp image, and the books finished to the high quality standard for which the Press is recognised around the world. The latest print-on-demand technology ensures that the books will remain available indefinitely, and that orders for single or multiple copies can quickly be supplied.

The Cambridge Library Collection will bring back to life books of enduring scholarly value (including out-of-copyright works originally issued by other publishers) across a wide range of disciplines in the humanities and social sciences and in science and technology.

Litteratur der Grammatiken, Lexika und Wörtersammlungen aller Sprachen der Erde

Nach alphabetischer Ordnung der Sprachen, mit einer gedrängten Übersicht des Vaterlandes, der Schicksale und Verwandtschaft derselben; Linguarum totius orbis index alpabeticus, quarum grammaticae, lexica, collectiones vocabulorum

Johann Severin Vater

CAMBRIDGE UNIVERSITY PRESS

Cambridge, New York, Melbourne, Madrid, Cape Town, Singapore,
São Paolo, Delhi, Dubai, Tokyo

Published in the United States of America by Cambridge University Press, New York

www.cambridge.org
Information on this title: www.cambridge.org/9781108006842

This edition first published 1815
This digitally printed version 2009

ISBN 978-1-108-00684-2 Paperback

Linguarum totius orbis

Index

alphabeticus,

quarum

Grammaticae, Lexica,

collectiones vocabulorum

recensentur,

patria significatur, historia adumbratur

a

Joanne Severino Vatero,

Theol. Doct. et Profess. Bibliothecario Reg., Ord. S. Wladimiri equite.

Berolini

In officina libraria Fr. Nicolai.

MDCCCXV.

Litteratur
der
Grammatiken, Lexica
und
Wörtersammlungen
aller Sprachen der Erde

nach

alphabetischer Ordnung der Sprachen,

mit einer

gedrängten Uebersicht

des Vaterlandes, der Schicksale und Verwandtschaft derselben

von

Dr. Johann Severin Vater,

Professor und Bibliothekar zu Königsberg, des S. Wladimir-Ordens Ritter.

Berlin

in der Nicolaischen Buchhandlung.

1815.

Sr. Majestät

dem

allverehrten Könige

Friedrich Wilhelm

von

Preufsen,

dem

Beschützer des Vaterlandes

und der

Wissenschaften,

meinem gnädigsten Könige und Herrn.

Ew. Königliche Majestät

haben eine so huldvolle Rücksicht auf meine Untersuchungen über die Sprachen der Erde genommen, daſs ich es mir zu der theuersten Pflicht mache, Allerhöchst Denselben eine gedrängte Uebersicht der Ausbeute dieser Beschäftigungen in tiefster Verehrung und mit dem innigsten Gefühl für König, Vaterland und Wissenschaft zu überreichen.

Ew. Königlichen Majestät

allerunterthänigster

Johann Severin Vater.

Vorrede.

Die Sprachen sind der Schlüssel der Völker- und Menschenkunde, wo andere Nachrichten mangeln. Sprachenkunde ist an sich ein würdiger Gegenstand der Beschäftigung denkender Männer. Eine ausgewählte Litteratur derselben in ihrem weitesten Umfange schien mir Bedürfniſs zu seyn, theils um immer deutlicher zu machen, wie groſsen Nutzen Völker- und Menschenkunde aus jener Wissenschaft ziehe, und so das Interesse dafür immer mehr zu wecken, theils um dasselbe zu leiten und so weit es Kürze verstattet, zu befriedigen. Unumgänglich nothwendig waren dabey bestimmte Angaben der Völker und Länder, wo die Sprachen geredet werden, von deren Namen einige hier zuerst in das groſse Publicum übergeben. Manche dieser Bestimmungen ist durch mühsame Forschungen gewonnen, und man hat diese Angaben als die zusammengedrängten Resultate meiner vieljährigen Untersuchungen über die Sprachen, ihre Geschichte und Beschaffenheit anzusehen; so daſs darin auch Männer vom Fache manches Neue, und die Freunde einzelner Sprachen weiter führende Angaben finden werden. Aus den Geographien werden hoffentlich nun viele unrichtige Bemerkungen über die Sprachen besonders entfernter Länder verschwinden, die nach des übrigens so sehr verdienten Gatterer's Ansichten und Uebersichten viel bestimmter, als es die damalige Kenntniſs jener Länder erlaubte, wiederhohlt worden sind. — Eine ausführlichere Darlegung des Einzelnen der Geschichte der Sprache, und die Aufzählung aller Lexica und Grammatiken war dem Zwecke dieser Zusammenstellung nicht angemessen, und hätte die Uebersicht des Ganzen beschränkt. Ich verweise in Betreff dieses Einzelnen auf den Mithridates, von welchem die letzte Abtheilung des letzten Theils nach Besiegung aller Hindernisse nun wirklich zu Berlin gedruckt wird. Kenner werden leicht ersehen, warum ich bey gegenwärtiger Auswahl der Litteratur gerade diese, nicht andere Bücher anführte: ohne das Älteste zu übergehen hielt ich mich an das Brauchbarste. Völlige Gleichheit des Mafsstabes der Behandlung war unmöglich bey einer Menge von Sprachen, von welchen man oft schon zufrieden ist, auch nur Einiges zu wissen. Sprachen, von welchen auch nicht einmal kleine Wörtersammlungen vorhanden sind, blieben ausgeschlossen aus einem Büchlein, welches die Hülfsmittel lexicalischer und grammatischer Kenntnisse von den Sprachen aufstellen soll, und ich verweise in Rücksicht derselben wiederum auf den Mithridates. Aber in dem unermeſslichen Felde des Sprach-Studiums ist auch meiner anhaltenden Forschung manches entgangen. Was nach dem Plane des gegenwärtigen Werkchens zur Vervollständigung und Berichtigung desselben von Gewicht ist: werde ich mit grofsem Danke aus gütig mittheilenden Händen empfangen; mufs aber sehr bitten, solche Angaben nicht an die kostspielige Post, sondern durch Gelegenheit, zu Berlin in der Fr. Nicolaischen, zu Halle in der Hemmerde und Schwetscheschen oder zu Leipzig in der F. C. W. Vogelschen Buchhandlung zur Beförderung an mich abgeben zu lassen. Man rechte nicht mit mir, ob ich die Nachrichten über eine Sprache unter dem oder jenem Namen derselben gab, da ich bey den übrigen auf jenen verwies, oder darüber, ob ich als besondere Sprachen anführte, was man Dialekte genannt hat. Nähere Kenntnifs derselben wird mein Verfahren oft bewähren: ich suchte wenigstens Bequemlichkeit und Richtigkeit Das Interesse der Wissenschaft und des Auslandes forderte, meine Angaben auch Lateinisch beyzufügen, aber nicht gerade eine buchstäbliche Uebersetzung.

L e c t u r i s.

S.

Operae pretium fecisse mihi videor conatus linguas totius terrarum orbis, quarum vel grammaticae institutiones vel lexica vel saltem vocabulorum collectiones extant, ita recensere, ut, quam fieri potuit, brevissime et descriptio accurata populorum, qui iis utuntur, suppeditaretur, ipsiusque linguae indoles et historia adumbraretur, dein utrumque sollertius cognoscendi quanquam non omnia, ea tamen subsidia, quae delectu facto antiquissima et praecipua visa sunt, enumerarentur. Viam propositi mihi indicavit CL. Marsden, qui tamen plane aliud consilium secutus est, cuiusque praestantissimus libellus) vix in alias quam Viri CL. amicorum manus pervenit.*

*Haud prius edidi hunc linguarum recensum, quam emensus totum huius litterarum generis campum, quantum quidem fieri potuit, finitoque opere, cui Mithridates inscribitur**) quod a b. Jo. Chr. Adelungio coeptum huius e mandato equidem continuavi. Uberrima disquisitio de linguis totius orbis,*

---

*) *Will. Marsden's catalogue of dictionaries, vocabularies, grammars and alphabets Lond.* 1796. 4.

**) Mithridates oder allgemeine Sprachenkunde mit dem Vater Unser als Sprachprobe in beynahe 500 Sprachen und Mundarten von Jo. Chr. Adelung T. I. Berlin 1805. T. II aus dessen Papieren fortgesetzt und bearbeitet von Jo. Sev. Vater Berlin 1809. T. III mit Benutzung einiger Adelungischen Papiere fortgesetzt und aus zum Theil ganz neuen oder wenig bekannten Hülfsmitteln bearbeitet von J. S. V. Berlin 1812 sqq.

quoad notae sunt, iis etiam, quarum exactius cognoscendarum subsidiis caremus, illarumque indole additis plerarumque speciminibus subsidiisque in illo opere reperitur.

Librorum, qui de his linguis scripti sunt, maximum apparatum se congesturum promiserat vir de his litteris bene meritus b. Chr. G. de Murr. Senex venditis mihi schedulis, quibus per plus quam L annos collegerat librorum eiusmodi titulos, operis conficiendi provinciam tradidit. At cum equidem iam edendo Mithridatis opere functus sim, praestat, ut alius vir doctus earundem litterarum amantissimus Bibliothecam illam glotticam sive uberrimam supellectilem librorum, quibus linguarum ratio expenditur, peregrinarum specimina continentur, paret. Cuius adornandae consilium cui et lubentius et studiosis linguarum magis consulturus, tradito illo apparatu Murriano suadere potuissem, quam viro et eruditissimo et in his litteris versatissimo Frid. Adelungio, Petropolitano, amico meo sincerissimo, cuius cura, ut solet, sollerti illa bibliotheca glottica prodibit.

Spero fore, ut probato opusculo meo emendatius id edendi occasio mihi obtingat. Qua de caussa etiam peto, ut quibuscumque universum linguarum studium cordi est de libris linguarum peregrinarum, qui me latuere, certiorem me reddere velint, non alia tamen lege, quam ut occasionem nacti vel Hamburgi humanissimis bibliopolis Perthes et Besser, vel Viennae in ipsa bibliotheca aulica viro doctissimo deque linguis Slavicis meritissimo D. Kopitar, eiusdem bibliothecae Imper. Reg. scriptori, notitiam eiusmodi tradendam curent, ne portorii molestia graver, neque dubitent, mecum illa iri communicatum. Regiomonti Nonis Juniis MDCCCXV.

Litteratur
der
Grammatiken, Lexica und Wörtersammlungen
aller Sprachen der Erde
in
alphabetischer Ordnung.

Catalogus linguarum alphabeticus
quarum
grammaticae, lexica, collectiones vocabulorum indicantur.

A.

ABAC v. Capul.

ABASSEN. ABASA.

Im westlichen Gebirge des Kaukasus, die Nord-Ost-Küste des schwarzen Meeres entlang, im Süden des Flusses Kuban, sie nennen sich selbst: Absne.

Populus in montibus occidentalis Caucasi, ad septentrionali-orientale littus Ponti Euxini, fluminis Cuban a meridie degens, qui se ipsi Absne vocant.

s.

J. v. Klaproth Reise in den Kaukasus und nach Georgien in den Jahren 1807. 8. Halle 1812. 8. T. I. C. 22. pag. 446 sqq. T. II. Appendix: Kaukas. Sprachen. pag. 246 sqq.

Wörter. *Vocabula.*

s. in

J. A. Güldenstädts Reise durch Rufsland und im Caucasischen Gebirge. Petersb. 1787. u. 91. T. II. pag. 527 sqq. Vocabular. Catharinae n. 112. 113. Klaproth l. c. T. II. Append. pag. 252 sqq.

ABESSYNIEN s. Aethiopien.

ABIPON.

Ein Süd - Amerikanisches Volk aus der Provinz Chaco um den 28° S. Br. größtentheils über den Parana - Strom unter den Schutz der Spanier in die Colonie de las Garzas gezogen; Stamm-Verwandte der Mocoby.

Populus Americae meridionalis provinciae Chaco, circa gradum XXVIII. latitudinis meridionalis, nunc maximam partem flumen Parana transgressus, Hispanorum tutela, eorumque colonia de las Garzas petita. Eiusdem stirpis sunt, ac Mocoby quos v.

Wörter. *Vocabula.*

s. in

Dobritzhofer Geschichte d. Abiponen. Wien. 1784. T. II. Auch Lateinisch:

Dobritzhofer historia de Abiponibus. Vienn. 1784. T. II. pag. 161. sqq.

Mithridat. T. III. pag. 505. sq.

Einen Abriß der Grammatik *Adumbrationem grammatices hujus linguae*

v. in

Dobritzhofer l. c.

Mithridat, T. III. pag. 498 sqq.

ACADIA s. Souriquois.

ACHAGUA.

Ein Süd - Amerikanisches Volk am mittleren Orinoko.

Populus Americae meridionalis fluminis Orinoco, et quidem medii accolae:

Einige Wörter *Aliquot vocabula*

in

Hervas Origine e formazione degli Idiom Tab. XII.

Mithridat. T. III. pag. 631.

ACHEM.

Im nordwestlichen Theile von Sumatra.

In parte septentrionali-occidentali insulae Sumatrae in mari Indico.

Wörter	*Vocabula*

s. in

W. Marsden history of Sumatra. Lond. 1783. pag. 168. übers. Leipz. 1785. pag. 217.

Mithridat. T. I. pag. 591.

ADAMPI s. Akra.

AEGYPTEN s. Copten.

AEOLISCH s. Griechisch.

AETHIOPIEN.

Die Aethiopische Sprache ist die ehemalige Haupt- und noch die gottesdienstliche Sprache in Habesch oder Abessynien, dort die Geez-Sprache genannt. Sie wird bisweilen auch von der ältern Hauptstadt Azum, jetzt Axum benannt.	*Lingua Aethiopica in Abessynia olim dominata, nunc in sacris obeundis servata, illic Geez vocata, vel a metropoli provinciae, cui propria esset: Azumitica; linguae Arabicae soror.*

Lexic.

Jac. Wemmer dictionarium Aethiopicum cum institutionibus grammaticis. Rom. 1638. 4.

Job. Ludolf lexicon Aethiopico-Latinum ex omnibus libris impressis nonnullisque msptis collectum Lond. 1661. 4. auct. ed. Francof. 1699. Fol.

Grammat.

(Mariani Victorii) Chaldaeae s. Aethiopicae linguae institutiones. Rom. 1548. 1552. 4. 1630. 8.

Job. Ludolf grammatica Aethiopica. Frkft. 1702. f. c. dissert. de origine natura et usu ling. Aethiop.

* * *

S. F. G. Wahl allgemeine Geschichte der morgenländischen Sprachen und Litteratur. pag. 501. sqq.

AFFAHDEH.

Ein Land in Afrika, zu dem Reiche Bornu gehörig, in dessen Osten es liegt.

Regio Africae, regno Bornu subjecta, ejusque ab oriente sita.

Wörter — *Vocabula*

s. in

Mithridates T. III. pag. 232. 234.

AFGAN. AGHUAN.

Das Volk, welches immer in den Gebirgen zwischen Persien, Indostan und Baktrien gewohnt hat, und jetzt in dem östlichen Theil des Neu-Persischen Reichs bis fast zum Sind herrscht.

Populus, qui montes Persiam ab Bactria separantes ab antiquis inde temporibus incoluit, nunc in orientali parte regni neo-Persici late dominans, fere usque ad flumen Indum.

s.

J. v. Klaproth Archiv für Asiatische Litteratur, Geschichte und Sprachkunde. T. I. (Petersb. 1810.) S. 76.

Wörter — *Vocabula*

s. in

Güldenstädt Reise durch Rufsland. T. II. S. 535 sqq.
Vocabular. Catharin. n. 78.
Klaproth l. c. pag. 92 sqq.

AFNU.

In Afrika unter dem östlichen Theile der Wüste Sahara, bey den Eingebornen so oder Haussa, bey den Arabischen Schriftstellern: Sudan, genannt.

Regio Africae magni deserti Saharae, eiusque quidem partis orientalis a meridie, illud vel Haussa nomen inter indigenas gerens, Sudan in Arabicis scriptoribus appellata.

Einige Wörter von daher — *Aliquot vocabula huius terrae*

s. in

Mithridates T. III. pag. 153. cf. 138.

AGAGI

auch Jagga, Schaggäer genannt, kriegerische Haufen, welche im innern südlichen Afrika hinter Nieder-Guinea, Congo u. s. w. durch Streifzüge Schrecken verbreiten.

qui etiam Jagga, Schaggaei vocantur, et ex interioribus meridionalis Africae terris Guineam inferiorem, regnum Congo proximaque alia incursionibus infestant.

Einige Wörter

Aliquot vocabula

s. in

Mithridates T. III. pag. 254.

AGOW.

Zahlreiche Stämme in Abessynien, unfern dem Ursprunge des Tacazze und Nil.

Numerosae gentis tribus in Abessynia prope fontes fluminum Tacazze et Nili.

Einige Wörter von denen um Tschera und im Norden des Reiches Damot

Aliquot vocabula tribus eius, quae in vicinia urbis Tschera, aliusque, quae regni Damot a septentrione degit,

s. in

Mithridates T. III. p. 127. cf. 121. 122.

AIMARA.

Eine verbreitete Sprache zu beiden Seiten des 20. S. Br. östlich vom südlichsten Theil des eigentlichen Peru bis gegen Cuzco und Potosi.

Lingua super Americae regiones ab utraque gradus XX lat. meridion. parte diffusa, meridionalium Peruviae propriae finium ab oriente, versus urbes Cuzco et Potosi.

Wörter

Vocabula

s. in

Wolf. Bayer oratio Aimar. c. vers. Latina, in Murr Journal für Kunst u. Litter. T. I. p. 112. T. II. p. 277. T. III. p. 55 sqq.

Hervas vocabolario poliglotto. p. 163 sqq.
Mithridates T. III. p. 547.

G r a m m a t.

Lud. Bertonio arte breve de la lengua Aymara. Rom. 1603. 8.

Lud. Bertonio arte y grammatica muy copiosa de la lengua Aymara. Rom. 1603. 1612. 8.

Mithridates l. c. p. 539.

AINOS.

Bewohner der Halbinsel Sachalin, die sich vom Ausfluſs des Amur südöstlich erstreckt, der Japanischen Insel Jesso und der südlichen Kurilen.

Incolae peninsulae (olim insulae) Sachalin, quae ab Amuri ostio versus orientem et meridiem extenditur, insulae Japonicae Jesso et meridionalium insularum Kurilicarum.

L e x i c.

A. J. v. Krusenstern Wörtersammlungen aus den Sprachen einiger Völker des östlichen Asiens und der Nordwestküste von Amerika. Petersb. 1813. 4. pag. 1 sqq.

D i a l e k t.

Die Wörter, welche auf La Perouse's Reise in der Langle-Bay im Süden von Sachalin, oder, wie es dort heiſst: Tschoka, aufgenommen worden sind, zeigen einen stark verschiedenen Dialekt oder eine anders woher gemischte Sprache.

Vocabula in La Perusii itinere in parte meridionali insulae Sachalin, quae ibi Tschoca vocatur, notata vel dialectum in multis differentem, vel linguam peregrinis accessionibus mutatam produnt.

s.

La Perouse voyage autour du monde ch. 21. übers. Berl. 1799. T. II. p. 123.

AKADIEN s. Souriquois.

AKKIM.

Ein Volk an der Südwestküste von Afrika am Meerbusen von Guinea, nahe bei Aquamboe und Akkra.

Gens Africae occidentalis eiusque quidem littoris, quod aureum dicitur, in sinus Guineae parte septentrionali, haud procul a terra Aquamboe et urbe Akra.

Wörter *Vocabula*

s. in

C. G. A. Oldendorp Geschichte der Mission der evangelischen Brüder. Barby 1777. T. I. p. 346.

AKKRA.

An eben derselben Küste. *Eiusdem orae Africanae.*

Wörter *Vocabula*

s. in

Oldendorp l. c.

P. E. Isert Reise nach Guinea. (Kopenh. 1788.) p. 203.

C. Schonning de ti Bud, det apostoliske Symbolum og Fader Vor, oversatte i det Accraiske Sprog. Kiobenh. 1805.

Grammat.

Chr. Protten en nyttig grammaticalsk indledelse til tvende hidindtil gandske ubekiendte sprog Fanteisk og Acraisk (paa Gold-Küsten udi Guinea). Kiobenh. 1764.

Mithridates T. III. p. 196.

Dialekt.

Sprache der Bergneger Adampi, Tambi, ehemaliger Sclaven von jenen und in der Nähe derselben.

Nigri Adampi, quondam Accrensium servi, nunc in vicinis montibus versantur.

Wörter *Vocabula*

s. in

Oldendorp l. c.

AKRIPON.

Ein Stamm in eben der Gegend von Afrika.	*Eiusdem regionis Africanae tribus.*
Wörter	*Vocabula*

s. in

Oldendorp l. c.

AKUSCHA.

Ein Gebirgsvolk von Lesgischem Stamme im östlichen Theile des Kaukasus an den Quellen des grössern Manass-Flusses.	*Populus Lesgicus in montibus Caucasi, qua orientem spectat, ad fontes fluminis Manas maioris degens.*
Wörter	*Vocabula*

s. in

J. v. Klaproth Archiv für Asiatische Litteratur, Geschichte und Sprachkunde. Bd. I. p. 82 sqq.

J. v. Klaproth Reise in den Kaukasus und nach Georgien. T. II. App. p. 59. 74 sqq.

Güldenstädt's Reise durch Russland. T. II. p. 520 sqq.

Vocabular. Catharinae. N. 119.

D i a l e k t.

Kubitschi.

s.

J. v. Klaproth Reise l. c. p. 72. 74 sqq.

ALBANIA.

Die Albanesen wohnen im ehemaligen östlichen Illyrien und Epirus, und zerstreut über Dalmatien, Bulgarien, Romelien.	*Albani in orientali parte Illyriae veteris et Epiri passimque in Dalmatia, Bulgaria, Romania vivunt.*
Wörter	*Vocabula*

s. in

Vocabular. Catharinae N. 45.

Hervas Vocabolar. poligl. p. 163.

L e x i c.

Fr. Blanchi dictionarium Latino-Epiroticum. Rom. 1635. 8.

Th. Anast. Kaballioti Protokiria. Vened. 1770.

J. Thunmann Untersuchungen über die Geschichte der östlichen europäischen Völker. T. I. p. 181 sqq.

G r a m m a t.

Fr. Mar. de Lecce osservazioni grammaticali nella lingua Albanese. Rom. 1716. 4.

Mithridates T. II. p. 795.

ALEMANNIA s. German.

ALEUT. INS.

Im engeren Sinne führen zunächst die westlichsten von den Inseln zwischen Kamtschatka und der N.W. Küste von Amerika diesen Namen, im weiteren auch die Fuchs- und Andreowskischen Inseln. Die Sprachen aller dieser Inseln sind verwandt; s. unter

E catena insularum inter Kamdschatcam et Americam glacialem diffusarum illi proximae proprie hoc nomine appellantur. Cognatae sunt linguae earum et Andreae et Vulpensium insularum quae latiore sensu Aleuticarum nomine comprehenduntur et quas vide in

Andreowski, Fuchs-Inseln, Unalaschka.

ALGONKIN.

Ehemals eins der mächtigsten Völker von Nord-Amerika, im Norden des St. Lorenz-Flusses und der damit verbundenen grofsen Seen. Ihre Sprache macht mit der der Chippeway, Mohegan u. s. w. Einen Stamm aus.

Populus olim potentissimus Americae septentrionalis, fluminis S. Laurentii et magnorum Canadae lacuum a septentrione. Lingua eorum eiusdem stirpis est, ac Chippewaeorum, Moheganorum, quos vide,

Wörter — *Vocabula*

s. in

La Hontan memoires do l'Amerique septentrionale. Amst. 1723. 8. T. II.

J. Long voyages and travels of an Indian interpreter and trader Lond. 1791. 4. übers. Hamb. 1791. 8. p. 273 sqq.

Al. Mackenzie voyages from Montreal on the river S. Laurenze through the continent of Northamerica. Lond. 1801. 4. übers. Hamb. 1802. 8. p. 115 sqq.

ALT-PERSISCH s. Pehlvi, Zend

et

G. Burtoni leipsana veteris linguae Persicae, quae apud priscos scriptores Graecos et Latinos reperiri potuerunt Lond. 1657. 8. auct. a J. H. v. Seelen. Lub. 1720. 8.

H. Relandi dissertationes miscellan. Trai. ad Rh. 1717. 8. P. II. p. 95. sqq.

ALT-PREUSSISCH s. Litthauisch.

AMAZIRG s. Berber.

AMHARA.

Eine südliche Provinz von Abessynien im Westen des Tacazze, aus der das jetzige Regentenhaus abstammt, und deren Sprache daher Hof- und Hauptssprache von Abessynien ist. Auf diese Sprache hat zwar die sogenannte Aethiopische oder Geez-Sprache bedeutenden Einfluss gehabt; aber sie ist eine eigene, alte Sprache.

Provincia Abessyniae meridionalis, fluminis Tacazze ab occidente, unde quae nunc Abessyniae regnum tenet, familia originem duxit, ac cui propria lingua in aula principis, perque totum regnum dominatur, Aethiopicae (quam vide) nec soror nec filia, quanquam per eam aliquantum immutata, sed et singularis lingua et antiqua.

Lexic.

Job. Ludolf lexicon Amharico-Latinum. Frcfti. 1698. F.

Grammat.

Job. Ludolf grammatica linguae Amharicae. Frft. 1698. F. Mithridates T. III. p. 111. cf. T. I. p. 410.

AMINA.

Eine mächtige und verbreitete Nation in West-Afrika auf der Goldküste, deren Sprache mit denen von Akkim, Akripon, Fante, Fetu Einen Stamm ausmacht.

Populus Africae occidentalis et quidem littoris, quod aureum vocatur, numerosus potensque, cuius lingua eiusdem stirpis est, ac regionum Akkim, Akripon, Fante Fetu.

Wörter *Vocabula*

s. in

C. G. A. Oldendorp Geschichte der Mission der evangelischen Brüder. (Barby 1777.) T. I. p. 346.

Mithridates T. III. p. 193. cf. p. 186.

ANDAMAN. INS.

Ostindische Inseln im Westen von Siam.

Insulae Indiae orientalis regni Siam ab occidente.

Wörter *Vocabula*

s. in

Asiatical Researches. T. IV. N. XXVII. p. 393. cf. T. X. p. 218.

ANDI.

Ein Stamm der Lesgi im nordöstlichen Kaukasus, und zwar zunächst ein Zweig des Awarischen Stamms, s. Awari.

Gentis Lesgicae et quidem Avarorum (quos vide) populus in Caucaso septentrionali-occidentali.

Wörter *Vocabula*

s. in

Güldenstädt Reise durch Rufsland und das Caucasische Gebirge. T. II. p. 512.

J. v. Klaproth Archiv für Asiat. Litteratur. T. I. p 39.

J. v. Klaproth Reise in den Kaukasus. T. II. Anhang. p. 35 sqq.

ANDREOWSK. INS.

Diese Inseln liegen zwischen den Aleutischen und

Mediae sunt inter Aleuticas proprie sic dictas et

Fuchsinseln, und ihre Sprache gehört zu demselben Stamme.	*Vulpenses, quas vide, eiusdemque stirpis lingua utuntur.*
Wörter	*Vocabula*

s. in

Puteschestwie Kapitana Billingsa tschres Tschukotskuiu semlju. (St. Petersb. 1811.) p. 121 sqq.

ANGELSÄCHSISCH. ANGLIA.

s. England.

ANGOLA.

Auf der Süd-Westküste von Afrika, südlicher als Kongo; die Sprache ist verwandt mit der von Kongo.	*In littore meridionali-occidentalis Africae, regni Congo a meridie, cuius linguae Angolica cognata est.*
Wörter	*Vocabula*

s. in

Gentilis Angollae fidei mysteriis instructus per Ant. de Coacto et Ant. Mar. Prandomontanum. Rom. 1661.

Mithridates T. III. p. 223.

Grammat.

P. Dias arte da lingua de Angola. Lisb. 1697. 8.

Mithridates T. III. p. 219.

ANNAM. ANAM.

Der Name des Sprach-Stamms der Ostseite der Hinter-Indischen Halbinsel, und besonders der Sprache von Tunkin.	*Linguae in ora orientali peninsulae Indicae trans Gangem ac maxime regni Tunkinensis hoc nomine appellantur.*
Wörter	*Vocabula*

s. in

Vocabular. Catharin. N. 182.

Asiatical Researches. T. X. N. III. p. 273.

Lexic.

Al. de Rhodes dictionarium Annamiticum. Rom. 1651. 4.

G r a m m a t.

Al. de Rhodes linguae Annamiticae aut Tunchinensis brevis declaratio, v. dictionar.

ANTZUCH. ANZUG.

Ein Lesgischer Stamm auf dem Kaukasus am Ssamur unter Kabutsch s. Awar.

Lesgicae gentis et quidem Avarorum, quos vide, populi tribus in Caucaso ad flumen Samur.

ARABIA.

Die Arabische Sprache ist verwandt der Aethiopischen, Hebräischen, Syrischen, Chaldäischen, weit verbreitet durch die Eroberungen der Saracenen uud anderer Bekenner des Islam.

Lingua Arabica, Aethiopicae genuina soror, Hebraicae, Syriacae, Chaldaicae consobrina, Saracenorum aliorumque Muhammedis sectatorum victoriis late propagata.

s.

Ol. Celsii historia linguae et eruditionis Arabum. Ups. 1694. 8.

J. H. Michaelis historia linguae Arabicae. Hal. 1706. 4.

Meninski de fatis linguarum orientalium, Arabicae nimirum, Persicae et Turcicae Commentatio. Vienn. 1780. F.

Chr. Fr. de Schnurrer bibliotheca Arabica. Hal. 1811. 8.

L e x i c.

Franc. Rapheleng lexicon Arabicum. Lugd. Bat. 1613. 4.

Ant. Giggeii thesaurus linguae Arabicae. T. I — IV. Mediol. 1632. F.

Jac. Golii lexicon Arabico-Latinum. Lugd. Bat. 1653. F.

Fr. a Mesgnien Meninski thesaurus linguae Arabicae s. lexicon Arabicum, Persicum, Turcicum. T. I — IV. Vienn. 1680 — 87. F. ed. auct. a Bern. a Jenisch. Vienn. 1780 — 803. F.

Abu Nasri Ismaelis Ebn Hammad Al Gievharii Farabiensis purioris sermonis Arabici thesaurus vulgo dictus liber Sehah s. lexicon Arab. Part. I. e codd. msptis ed. et vers. lat. instruxit Eb. Scheidius Harderv. 1776. 4.

J. Richardson Persian, Arabic and English Dictionary. T. I. II. Oxf. 1777. F. N. ed. by C. Wilkins. T. I. II. 4.

Grammat.

Pedr. de Alcada arte para ligeramente saber la lengua Araviga. Granad. 1505. 4.

Grammatica Arabica dicta Caphiah (Gemaleddin Abu Amruben Ibn Alhageb) (Arabice) Rom. 1592. 4.

Petr. Kirstenii grammaticae Arabicae libri tres. Bresl. 1608—1610. F.

Thom. Erpenii grammatica Arabica. Lugd. Bat. 1613. 4. (ed. aucta 1636. per J. Golium 1656. per Alb. Schultens 1748. ed. Salv. M. Morso c. fab. Locm. et glossario Panormi 1796. 8.)

Grammatica Arabica dicta Giarumia et libellus centum regentium c. vers. lat. et comment. Th. Erpenii. Lugd. Bat. 1617. 4.

Fr. Martelott institutiones linguae Arabicae. Rom. 1620. 4.

Grammatica Arabica Agrumia appellata c. vers. Lat. et dilucida expositione Th. Obicini. Rom. 1631. 8.

J. Dav. Michaelis arabische Grammatik Erpenii abgekürzt, vollständiger und leichter gemacht. Gött. 1771. Ed. II. 1781. 8.

J. Richardson grammar of the Arabic language. Lond. 1771. 1811. 4.

J. Jahn Arabische Sprachlehre. Wien 1796. 8.

The five books upon Arabic grammar, (Meeüt, Amel, Shurhu Meeüt Amel, Mesbah, Hedoyut-on-Nuhwe Kafeea) collated with the most ancient and accurate Msts by J. Baillie Calcutta 1802—4. Vol. I—III. 4. (Arabice).

A. J.

A. J. Silvestre de Sacy grammaire Arabe à l'usage des élèves de l'école spéciale des langues orientales vivantes. P. I. II. Paris 1810. 8.

D i a l e c t.

Joh. Gottf. Eichhorn über die verschiedenen Mundarten der Arabischen Sprache; vor: Richardson Abhandlung über die Sprache, Litteratur u. s. w. der morgenländischen Völker, übersetzt von Federaus. Lpz. 1779.

Gabr. Sionitae grammatica Arabica Maronitarum. Rom 1616. 4.

Germani a Silesia fabrica linguae Arabicae. Rom. 1639. F.

German. a Silesia dittionario overa grammatica della lingua volgare Arabica et Italiana. Rom. 1656. 4.

Franc. Cañes grammatica Arabigo-Española vulgar y literal. Madr. 1775. 4. Diccionario Español, Latino-Arabigo. Madr. 1787. T. I—III. F.

A. F. J. Herbin developpemens des principes de la langue Arabe moderne, suivis d'un recueil de phrases. Paris 1803. 4.

Franc. de Dombay grammatica linguae Mauro-Arab. iuxta vernac. idiomatis usum acc. vocabularium Lat. Mauro-Arabicum. Vienn. 1800. 4.

Wörter Arabico-Aegyptia s. Hervas vocabol. poligl. p. 166. | *Vocabula* Arabico-Aegyptia in Hervas vocabol. poligl. p. 166.

ARAKAN. ARRAKAN.

Die Westküste von Ava in Hinter-Indien; Ruckhèng heifst die Sprache der ursprünglichen Bewohner Arrakans, sie selbst nennen sich Yakain, und heifsen in Bengalen gewöhnlich Mug.	*Ora occidentalis terrae Ava in India trans Gangem. Ruckhèng appellatur lingua indigenarum, qui se ipsi Yakain nominant, in Bengalia autem vulgo Mug vocantur.*

Wörter	*Vocabula*

s. in

Fr. Buchanan comparative vocabulary of the languages of the Burma-empire, in Asiatic. researches. T. V. N. XVII. p. 224.

J. Leyden on the languages and literature of the Indo-Chinese nations, in Asiatical researches. T. X. N. III. p. 236.

Grammat.

J. Towers observations on the alphabetical system of the language of Ava and Rac'ham, in Asiat. research. T. V. N. XII. p. 143.

J. Leyden l. c. p. 241.

Dialect.

Yo oder Ro auf der Ostseite der Arakanischen Gebirge.	*Yo vel Ro in parte orientali montium Arracanensium.*
Einige Wörter	*Aliquot vocabula*

s. in

Buchanan l. c.

ARAM.

Der alte Name von Syrien und Babylonien oder Chaldäa.	*Priscum nomen Syriae et Babyloniae, s. Chaldaeae.*

v. Syria, Chaldäa.

ARAUCANA.

Araucanen oder Moluchen sind die Haupt-Nation der Eingebornen von Chili in Süd-Amerika.	*Araucani sive Moluchi, populus princeps indigenarum terrae Chili in America meridionali.*
Wörter	*Vocabula*

s. in

G. Barlaei historia rerum in Brasilia gestarum. Amst. 1647. F.

J. Ogilby America. Lond. 1671. F. p. 635 sqq.

Dapper America. p. 629.

Hervas voc. poligl. p. 163. 220. aritmetica delle nazioni p. 95. origine, formazione, meccanismo degl' idiomi. p. 164.

Mithridates T. III. 402. 422.

Lexic.

Luis de Valdivia arte gramatica, vocabulario en la lengua de Chile. Lim. 1608. 8.

A. A. Febrès gramatica y diccionario de la lengua de Chili Lim. 1765.

Bern. Havestadt Chilidugu s. res Chilenses s. descriptio regni populique Chilensis inserta suis locis perfectae ad Chilensem linguam introductioni Monast. T. I. II. 1777. 8.

Grammat.

Vidaure compendio della storia del regno Chile. Bologn. 1776. übers. Geschichte von Chili. Hamb. 1782. p. 115.

G. J. Molina saggio sulla storia del Chili. Bologn. 1782. 8. p. 554.

Mithridates T. III. p. 404.

Dialect.

Die Patagonier im Süden von Chili haben dieselbe Sprache mit einigen Abweichungen.

Patagonii, terrae Chili a meridie, lingua Araucana aliquantum immutata utuntur.

Th. Falkner description of Patagonia and the adjoining parts of South-America. Heref. 1774. 4. p. 152. — Beschreibung von Patagonien u. s. w. a. d. Engl. Gotha 1775. p. 163 sqq.

ARAWAK.

In der Nähe von Surinam in Süd-Amerika.

In vicinia Surinamiae in ora septentrionali Americae meridionalis.

Wörter — *Vocabula*

s. in

J. de Laet novus orbis Antv. 1633. F. p. 642.

Lexic. Grammat.

C. Quandt Nachricht von Suriname und seinen Einwohnern, sonderlich den Arawaken, Waranen und Karaiben — u. der Sprache der Arawaken. Görlitz 1807. 8.

Mithridates T. III. p. 667. 697.

ARGUBBA.

In Tigre, der Provinz von Abessynien.	*In Abessyniae provincia Tigre.*
Einige Wörter	*Aliquot vocabula*
s.	in

Mithridates T. III. p. 120.

ARINZI. ARAL.

Eine ehemalige Völkerschaft am Jenisei, die einen Ostiakischen Dialekt redete.	*Quondam accolae fluminis Jenisei in Sibiria, dialecto linguae Ostiak usi.*

Mithridates T. I. p. 560.

v. Ostiak.

ARMENIA.

Zwischen dem Kaukasus, Klein-Asien, Syrien und Persien.	*Media est inter Caucasum et Syriam, Asiam minorem et Persiam.*

J. J. Schröder de antiquitate, fatis, indole atque usu linguae Armenicae. v. Thesaur.

W. et G. Whiston de litteratura Armena, in praefat. edit. Mosis Chorenensis. Lond. 1736. 4.

Lexic.

Deod. Nierszesovicz dictionarium Latino Armenum. Rom. 1695. 4.

Jac. Villoe dictionarium Armenum. Rom. 1714. F.

(Mikhitar Vartabiet) Lexicon veteris linguae Armenae Venet. c. 1727. T. I. II.

Gabr. Villa dictionarium V linguarum, Armenicae vulgaris, litteralis, Latinae, Indicae et Gallicae. Rom. 1780.

Kleopatr. Saraphowa kniga soderscha schtschaja

slowar Armjanskawo iasyki S. Petersb. 1788. 4. (Armen. et Russ.)

G r a m m a t.

C l. Galani historia Armenae nationis c. grammatica, logica et dictionario. Rom. 1645. 4.

Jo. Agop puritas Haygica s. grammatica Armenica. Rom. 1675. 4.

J. J. Schröderi thesaurus linguae Armenicae antiquae et novae. Amst. 1711. 4.

ASSANI.

Eine fast ausgestorbene Völkerschaft am Flusse Ussolka auf der rechten Seite des Jenisei in Sibirien.	*Populus tantum non omnino extinctus ad fluvium Ussolca in ripa dextra fluminis Jenisei in Sibiria.*
Einige Wörter	*Aliquot vocabula*

s. in

Vocabular. Catharinae. N. 150.

ASSIANTHI.

Ein beträchtliches Reich der Negern im Norden der Zahn- und Goldküste an der Nordseite des obern Rio-Volta.	*Validum nigrorum in Africa regnum orae dentium aureaeque a septentrione ad littus fluminis Voltae superioris septentrionale.*
Einige Wörter	*Aliquot vocabula*

s. in

P. E. Isert Reise nach Guinea. (Kopenh. 1788. 8.) p. 203 sq.

Mithridates T. III. p. 230.

ATNAH.

Ein von Makkenzie an der Nord-Westküste von Amerika unfern der Südsee um den 52.° N. B. gefundenes Volk, welches auch: Kinn-Indianer genannt wird.	*Populus, quem Mackenzie haud procul a littore maris australis in America septentrionali-occidentali circa gradum LII lat. bor. invenit.*

Wörter *Vocabula*

s. in

Al. Mackenzie voyages from Montreal to the pacific Ocean. (Lond. 1801.) S. VIII. übers. Hamb. 1802. 8. p. 418.

ATTICA s. Graec.

AVA s. Arrakan, Barma.

AWAR.

Ein Hauptzweig der Lesgischen Völkerschaften auf dem Kaukasus, welcher im Osten der übrigen und im Norden eines Theils von Georgien, zwischen den Flüssen Aksai, Koissu und Ssamur seine Sitze, und in Chunsag oder Kchunsach seinen Chan hat.

Gentis Lesgicae in Caucaso ramus insignis, reliquarum ejusdem stirpis propaginum ab oriente, partis Georgiae a septentrione, inter fluvios Aksai, Koissu, Samur sedes, in urbe Chunsag principem habens.

Wörter *Vocabula*

s. in

Vocabularium Catharinae N. 48.

J. v. Klaproth Archiv für Asiatische Litteratur und Sprachkunde. p. 39.

J. v. Klaproth Reise in den Kaukasus T. II. P. II. Anhang p. 35.

Grammat.

J. v. Klaproth ll. cc. p. 31. p. 26.

Dialect.

in Antzug, Dshar.

Wörter *Vocabula*

s. in

Vocab. Cathar. N. 50. 51.

J. v. Klaproth ll. cc. p. 73. p. 71.

AXUM. AZUM. s. Aethiopia.

AYMARA. s. Aimara.

B.

BALABANDI s. Maratta.

BALI.

Ostindische Insel im Osten von Java zwischen dieser und Sumbava mit schwarzen Einwohnern.

Indiae orientalis insula, Javae ab oriente, hanc inter et Sumbavam sita, incolae nigri sunt.

Wörter *Vocabula*

s. in

J. E. Rademaker Verhandelingen van het Bataviaasch Genootschap. (Batav. 1780—86. 8.) T. IV. p. 265 sqq.

BANGA.

Ein von dem Barmanischen Reiche in Hinter-Indien unterworfenes, nördlicheres Volk, in dessen Sprache sich Einfluſs der Hindostanischen zeigt.

Populus regno Barma in India trans Gangem subjectus, ejusque a septentrione degens. Lingua aliquid ex Hindostanica habet.

Wörter *Vocabula*

s. in

Asiatical researches. T. V. N. XVII. p. 238.

BARABRA. BARBERIN.

Eine schwarze Nation in Nord-Ost-Afrika am Einflusse des Tacazze in den Nil.

Nigri Africae septentrionali-orientalis, ubi fluvius Tacazze in Nilum influit.

Wörter *Vocabula*

s. in

Mithridates T. III. p. 130.

S. BARBARA.

Ein Canal mit Inseln auf der Nord-Westküste von Amerika, der zu Neu-Californien gerechnet wird.

Insulae freti, a S. Barbara appellati, ad oceanum pacificum, oramque, quae California nova vocatur, Americae septentrionali-occidentalis.

Wörter *Vocabula*

s. in

Mithridates T. III. Abth. III. Nord-Amerika. Abschn. I. 4.

BARMA.

Das mächtige Reich, welches den Westen der Hinter-Indischen Halbinsel beherrscht, und auch Burma oder Birma, die Sprache auch die Bomanische genannt wird. Die Burmah nennen sich selbst Myammaw.

Validum imperium, cui Indiae trans Gangem pars orientalis paret, quodque vel sic vel Burmah vel Birma scribitur. Incolae ipsi se Myammaw nominant.

Fr. Buchanan on the religion and literature of the Burmas, in: Asiatical researches T. VI. N. VIII. p. 163 sqq.

Wörter *Vocabula*

s. in

Asiatical researches T. V. N. XVII. p. 224. T. X. N. III. p. 236.

Grammat.

Alphabetum Barmanum s. Bomanum regni Avae finitimarumque regionum Rom. Congr. d. P. F. 1776. 8.

BASCHKIR s. Tatar.

BASKISCH s. Biscaya.

BASSIANEN.

Ein Tatarischer Stamm auf dem Caucasus im Westen der Osseten.	*Tribus Tatarica in Caucaso degens Ossetarum ab occidente.*

s. Tatar.

BATTA.

Die alte Sprache der Bewohner der nördlichen Hälfte von Sumatra.	*Antiqua lingua incolarum partis septentrionalis insulae Sumatra.*

s.

Asiatical researches T. X. p. 204 sqq.

Wörter — *Vocabula*

s. in

W. Marsden history of Sumatra. Lond. 1784. 1789. 4. p. 168. — Beschreibnng der Insel Sumatra. A. d. Engl. Lpz. 1785. Abschn. X. XI. p. 217.

BEETJUANA.

Westliche Kaffern-Stämme in Süd-West-Afrika.	*Tribus Cafrorum occidentalium in Africa meridionali.*

Wörter — *Vocabula*

s. in

H. Lichtenstein Reise im südlichen Afrika. Berl. 1811. 12. 8. p. 620 sqq.

H. Lichtenstein Bemerkungen über die Sprachen der Süd-Afrikanischen wilden Völkerstämme, nebst einem kleinen Wörter-Verzeichnisse aus den gebräuchlichsten Dialekten der Hottentotten und Kaffern in: Bertuch und Vater ethnographisch-linguistischem Archive. T. I. p. 306.

Grammat.

H. Lichtenstein ll. cc.

Mithridates T. III. p. 285.

BEGIRMA.

Volk und Sprache im Innern des nordöstlichen Afrika.

Populus Africae interioris septentrionali-orientalis, lingua propria loquens.

Einige Wörter — *Aliquot vocabula*

s. in

Mithridates T. III. p. 152.

BENGALEN.

Am Ausflusse des Ganges in Ostindien. Die Sprache ist eine Tochter des Sanskritt.

Terra Gangis ostiis proxima, cujus lingua Samscredamicae filia est.

Wörter — *Vocabula*

s. in

Vocabular. Catharin. N. 168.

F. C. Alter über die Samskrdamische Sprache. Wien 1799. 8.

Lexic.

F. Manoel vocabulario em idioma Bengalla e Portugueza. Lisb. 1743. 8.

An English and Bengal vocabulary together with a grammatical introduction. Calcutta 1788.

Forster Bengalee and English vocabulary. T. I. II. 4.

Grammat.

Nath. Brassey Halhead Bengal grammar Hoogly in Bengal. 1778. 4.

W. Carey Bengalee grammar. 8.

BERBER. BREBER.

In Nord-Afrika vom Fuſse des Atlas bis zu den Gränzen Aegyptens und in den bewohnbaren Plätzen der groſsen Wüste Sahara, ohne Zweifel Reste der ursprüng-

Natio super Africam septentrionalem inde a iugo montis Atlantis usque ad Aegyptum superque Oases deserti diffusa, sine dubio veterum indigenarum reli-

lichen Völker dieser Länder, im Westen am Atlas unter dem Namen: Amazirg, unter Algier und Tunis unter den Namen: Kabylen, Gebali bekannt, von welchen die Tuaryck unter Fezzan, in der Nähe von Tomboktu und in der Oasen Syuah und wahrscheinlich auch die noch südöstlicheren Tibbo Stammverwandte sind.

quias complectens, ad Atlantis radices: Amazirg, Algeriae a meridie: Cabyli vel Gebali vocata. Tuaryck, qui regni Fezzanensis a meridie versantur, incolae oasis Syuah, ac verisimiliter etiam Tibbo in regionibus paullo magis versus Austrum sitis, ejusdem stirpis sunt.

Wörter *Vocabula*

s. in

Jeo Hoest efterretninger om Marókos og Fes Kióbenh. 1779. 4. p. 128 sqq. Deutsch: Hoests Nachrichten über Maroko und Fez. Kopenh. 1781. 4. p. 136 sqq.

Jezr. Jones dissertatio de lingua Shilhensi, and Chamberlayne's oratio Dominica. Amst. 1715. 4. p. 150.

Th. Shaw's travels into several parts of Barbary and the Levant. Oxf. 1758. F. p. 52. Vocabulary of the Showiah-tongue.

Fr. Hornemann Tagebuch der Reise von Caïro nach Murzuk. (Weim. 1803.) p. 24. Voyage de Fr. Hornemann dans l'Afrique septentrionale; augmenté de notes et d'un memoire sur les Oasis par L. Langles. (Marsden, Venture.) P. I. II. Paris 1803. p. 37. 145. 405. 413. 430 sqq.

Grammat.

Venture l. c.

Mithridates T. III. p. 51.

BETOI.

Ein Volk im nordwestlichen Süd-Amerika unter d.

Populus septentrionali-occidentalis partis Americae

5.° N. Br. am Flusse Casanare. Ihre Sprache ist mit der der Yarura und einigen andern benachbarten verwandt.

meridionalis sub V gradu lat. bor. ad fluvium Casanare. Linguae eorum, Yarura et finitimarum tribuum cognatae sunt.

Wörter *Vocabula*

s. in

Hervas vocabolario poliglott.
Mithridates T. III. p. 650.

Grammat.

Mithridates T. III. p. 641 sqq.

BIARM s. Perm.

BIMA.

Sprache des unabhängigen Staats der Bima, welcher den östlichen Theil der Insel Sumbava und den grösseren, besonders westlichen Theil der Insel Endé im Osten von Java begreift. Sie steht in Verhältniſs zu den Sprachen der Bugis und Javanesen.

Insulae Sumbava partem orientalem, occidentalem insulae Endé, quae utraque insulae Java ab oriente iacet, populus inhabitat, inter quem et Bugis (quos v.) Javanensesque aliqua intercedit linguae necessitudo.

Wörter *Vocabula*

s. in

Asiatical researches T. X. p. 199 sqq.

BIRMANISCH s. Barma.

BISCAYA.

Diese Provinz im nördlichen Spanien und von da die Gegenden zu beyden Seiten der Pyrenäen bis Pampelona haben die Spra-

In hac Hispaniae septentrionalis provincia et utrinque ad radices montium Pyrenaeorum lingua, quae ante Celtorum Germanicorumque

che der alten Bewohner dieses Landes vor dem Einfluſs der Celten, Römer, Germanen erhalten, die Vaskische (Baskische) Sprache.	*populorum incursiones illic dominaretur, etiamnum servata videtur, lingua Vasconica, olim Cantabrica.*
Wörter	*Vocabula*

v. in

Arn. Oihenart notitia utriusque Vasconiae. Par. 1638. 4. C. XI—XIV. p. 35 sqq.

J. B. Bullet memoire sur la langue Celtique. Besanç. 1759. F. T. I—III.

Hervas vocab. poligl. p. 165 sqq.

Vocabular. Catharin. N. 15.

Lexic.

Tresor des trois langues, Française, Espagnole et Basque Bayonne 1706.

Man. de Larramendi diccionario trilingue del Castellano, Bascuenze i Latin. S. Sebastian 1745. T. I. II. F.

Grammat.

Man. de Larramendi: el impossible vencido: arte de la lengua Bascongada. Salamanca 1729. 8.

M. Harriet grammatica Escuarez eta Francesez Bayonan 1741. 8.

BISSAYA.

Die Sprache, welche über viele von den Philippinischen Inseln verbreitet und mit der Tagala verwandt oder vermischt ist.	*Lingua super plurimas insulas Philippinas diffusa, vel Tagalicae soror, vel hujus vocabulis aucta.*

s.

Asiatical researches T. X. p. 215.

Wörter	*Vocabula*

s. in

A. Pigafetta premier voyage autour du monde. p. 243.

Hervas vocabol. poligl. p. 163. Aritmet. d. nat. p. 140.

L e x i c.

Math. Sanchez vocabulario de la lengua Bisaya. Manill. 1711 F.

BÖHMEN. BOHEMIA.

Die Sprache dieses Slawischen Volkes, welches sich: Czechen, nennt, gehört zu dem westlichen Hauptaste des Slawischen Stammes.	*Bohemi, qui se Czechos nominant, lingua utuntur ad ramum occidentalem gentis Slavicae pertinente.*

v.

Jos. Dobrowsky Geschichte der Böhmischen Sprache und Litteratur. Prag 1792. 8.

Wörter	*Vocabula*

v. in

Hervas vocabol. poligl.

Vocabular Catharin.

L e x i c.

Dictionarium trium linguarum: Germanicae, Latinae, Bohemicae T. I—III. Prag. 1700—1706. 1722. 1742—1747. 4.

C. Tham Deutsch-Böhmisches National-Lexicon. Prag u. Wien 1788. 8.

Fr. Joh. Tomsa vollständiges Böhmisch-Deutsch-Lateinisches Wörterbuch. Prag 1791. 8.

G r a m m a t.

Eyn kurrze Vnderweisung beyder Sprach deutsch und behemisch zu lernen lesen und reden. — Nauczenie kratke obogij r̄eč i j Pilsen 1531. 8.

Wenz. Joh. Rosa Cechorecnost s. Grammatica linguae Bohemicae. Prag. 1672. 8.

* * *

Fr. Joh. Tomsa Böhmische Sprachlehre. Prag 1782. 8.

Fr. Mart. Pelzel Grundsätze der Böhmischen Sprache. Prag 1795. 98. 8.

Joh. Negedly Böhmische Grammatik. P. I. II. Prag 1804. 1805. 8.

Jos. Dobrowsky vollständiges Lehrgebäude der Böhmischen Sprache zur gründlichen Erlernung derselben für Deutsche und vollkommnern Kenntniſs für Böhmen. Prag 1809. 8.

Dialect.

der Slowaken oder Slawaken an den östlichen Gränzen Mährens und hier und da in Ober-Ungarn; die Formen und Wörter derselben sind aufgestellt in

Slovaki s. Slavaki, in orientalibus Moraviae finibus et aliquibus Hungariae locis viventes, aliquantum differunt a Bohemis et vocabulis eorumque declinatione.

Ant. Bernolak grammatlca Slavica. Presb. 1790. 8.

BOMAN s. Barma.

BORNEO s. Malay.

BORNU.

Das groſse Neger-Reich im nordöstlichen innern Afrika, in welchem neben einer Menge von Sprachen der abhängigen Länder die eigentliche von Bornu, Barnu oder Birni selbst geredet wird.

Potentissimum nigrorum imperium in interiori Africa, qua et septentrionem et orientem spectat, ubi et multae linguae regionum subjectarum et propria terrae Bornu, Birni vel Barnu, usurpantur.

Die Zahlwörter | *Nomina numeralia*

s. in

Proceedings of the association for promoting the discovery of the interior parts of Africa. Lond. 1790. übers. Neue Beyträge zur Länder- und Völkerkunde. T. V—VII. — E. W. Cuhn Sammlung merkwürdiger Reisen in das Innere von Afrika. T. II. Magazin von merkwürdigen neuen Reisebeschreibungen. T. V. p. 330.

BOSJESMAN s. Hottentotten.

BOSNIEN, BOSNIA. v. Servien.

BRASILIEN. BRASILIA.

In Süd-Amerika mit einer Menge von Sprachen, unter welchen aber nur die der Tupi, nahe verwandt mit der Guaranischen, den Namen: Brasilische führt.

Vasta Americae meridionalis terra, populorum linguarumque ferax, e quibus Tupi lingua utuntur, quae, Guaranicae soror, sola Brasilica vocari solet.

Wörter | *Vocabula*

s. in

Ant. Pigafetta premier voyage autour du monde. p. 241.

J. de Lery histoire d'un voyage en la terre de Brasile. Rochelle 1578. (Latin. Genf 1586. Deutsch, Münster 1794.) Cap. XX.

Allgem. Historie der Reisen T. XVI. p. 263 sqq.

De Laet novus orbis p. 599.

Dapper Amerika p. 412.

G. Marcgravii historia rerum naturalium Brasiliae. (L. B. et Amst. 1648. Amst. 1658.) p. 276.

Relandi dissertationes miscellan. T. III. p. 173.

Hervas vocabol. poligl. p. 163 sqq.

Gram-

Grammat.

Jos. de Anchieta arte de gramatica da lingoa mais usada na costa do Brasil Coimbr. 1595. 8.

Marcgrav, Reland ll. cc.

L. Figueira gramatica de la lengua del Brasil. Lisb.

Mithridates T. III. p. 442.

BRATSKI s. Mongolen.

BREBER v. Berber.

BRETAGNE. BAS-BRETON.

Die Bretagne in Nord-Frankreich, das ehemalige Armorica, bewohnende Völkerschaft ist mit den Kymri in Wales von einerlei Stamme, die Sprache beyder ist nahe verwandt, Kymri oder Cimbern sind herüber gekommen, aber ihre Sprache ist in diesen südlicheren Wohnsitzen gemischter.

Qui Bretaniam, Franciae septentrionalis provinciam, olim Armoricam dictum, incolit populus, ejusdem stirpis est ac Cambriae incolae, qui trajecto freto illuc se contulerunt, ubi tamen lingua accessionibus peregrinis aliquanto magis mutata est.

Wörter *Vocabula*

s. in

Jo. Toland catalogus vocum quarundam Armoricarum, quae Hibernicae deprehensae sunt, in Toland: collection of several pieces (Lond. 1726. 8.) p. 204 sqq.

Hervas vocabol. poligl. p. 165 sqq.

Lexic.

G. Quicquer de Koskoff dictionnaire et colloques Francois et Breton. Morlaix 1626. 8.

Greg. de Rostrenen dictionnaire Bas-Breton ou Celtique Rennes 1732. 4.

Grammat.

J. Mounoir dictionaire, grammaire et syntaxe de la langue Armorique, Quimper Corentin 1659. 8. u. in: L'huyd archaeologia Brittanica. Oxf. 1707. F.

Gr. de Rostrenen grammaire Françoise-Celtique ou Françoise-Bretonne. Renn. 1738. 8.

Le Brigant élémens de la langue de Celtes Gomerites ou Bretons, avec un vocabulaire. Strasb. 1779. 8.

A. Dumoulin grammatica Latino-Celtica. Prag. 1800. 8.

J. J. M. M. A. Legonidec grammaire Celto-Bretonne, contenant les principes de l'orthographe, de la prononciation, de la construction des mots et des phrases selon le genie de la langue Celto-Bretonne. Par. 1807. 8.

Dialect.

De Chalons dictionaire Bas-Breton et François. Vann. 1723. 4. 1733. 12.

Dictionaire François-Breton ou Celtique du dialecte de Vannes. Leiden 1744. 8.

BUCHAREN. BUCHARIA.

An den Flüssen Gihon und Sordarja und bis nach Tibet hin, Sogdiana und Bactriana der Alten. Die Sprache der Bucharen ist ein Gemisch vom Türkisch-Tatarischen und Persischen, selbst in den Flexionen.	*Terra fluminibus Oxo et Jaxarte rigata, usque ad Tibet extensa, veterum Sogdiana et Bactriana, in cujus lingua Turco-Tatarica et Persica mixta sunt, ipsaeque utrorumque declinationes vocabulorum.*
Wörter	*Vocabula*

v. in

Vocabular. Catharinae N. 102.

BUGIS.

Die ursprüngliche und Hauptsprache der Insel Celebes im Osten von Borneo in Ostindien. Ein ausgezeichneter Stamm der Búgís: die Mungkásar oder Macassar, nach welchem auch die ganze Insel so genannt worden ist, hat seinen eignen Dialect.

Indigenae insulae Celebes in India australi insulae Borneo ab oriente. Validissimae tribus Mungkásar s. Macassar, a quibus ipsa insula appellari solebat, dialectus est aliquanto diversa.

Wörter *Vocabula*

der

Búgis und Mungkásar

s. in

Asiatical researches. T. X. p. 199 sqq.

Verhandelingen van het Batav. Genootsch. Vol. IV. p. 265 sqq.

BULLAM.

An der Westküste von Afrika und zwar zwischen dem Gambia und der Pfefferküste, nicht weit von der Colonie Sierra Leone, nämlich etwas nördlicher.

In ora Africae occidentalis et quidem inter flumen Gambia et littus a pipere dictum, haud procul ab Anglorum colonia Sierra Leone, paullo magis versus septentrionem.

Wörter *Vocabula*

s. in

Th. Winterbottom account of the native Africans in the neighbourhood of Sierra Leone. Lond. 1803. 8.

C. *)

CABO LOBO GONSALVOS, CALBRA, CAMACON.

Von den Sprachen dieser drey nördlich von Loango um die Mitte der Westküste von Afrika in der Nähe des Aequators befindlicher Gegenden s. wenige Wörter

Trium harum regionum tantum non omnino ipsi aequatori subjectarum, regni Loango a septentrione in ora fere media Africae occidentalis sitarum aliquot vocabula enumerantur

in

Arthus orient. Ind. T. VI. p. 112.
Mithridates T. III. p. 206. 7.

CALIFORNIA.

s. Cochimi, Laymon, Waicur.

CAMBA.

Nahe bey Loango, südlich davon und im Norden von Congo.

Haud procul a terra Loango ejus a meridie, regni Congo a septentrione.

Wörter *Vocabula*

s. in

C. G. A. Oldendorp Geschichte der Mission der evangelischen Brüder. (Barby 1777. 8.) p. 346.

CAMBRA v. Kymri.

---

*) Quae non sub littera C inveneris nomina, quaeras littera K,

CANADA.

In Nord-Amerika s. Algonkin u. a. Völker desselben Stamme⁻. Unter jenem Namen sind indessen Wörter gesammelt

In America septentrionali v. Algonkin, aliasque ejusdem stirpis gentes. Sub Canadensium nomine aliquot vocabula collecta v.

in

Champlain voyage de la nouvelle France (v. Massé, Breboeuf). Par. 1632.

B. Smith-Barton new views of the origine of the nations of America ed. 2 Philadelph. 1798. 8.

Hervas vocab. poligl. append. p. 239 sq.

CANAR. INS. s. Guanchen.

CANARA.

Ein Reich auf der Ostindischen Halbinsel diesseits des Ganges im Norden von Malabar bis an den Fluſs Masgani. Die Sprache stammt, wie andere auf dieser Halbinsel ursprünglich vom Sanskritt ab.

Terra peninsulae Indicae cis Gangem, Malabariae a septentrione, usque ad fluvium Masgani patens. Lingua ejus, ut finitimarum regionum e Samscredamicae stirpe processit.

Wörter — *Vocabula*

s. in

(B. Schulz) orientalisch und occidental. Sprachmeister. p. 212.

Vocabular. Catharin. N. 176.

Alter üb. d. Samskdam. Sprache. Wien 1799. 8.

Hervas vocabol. poligl. p. 165 sqq.

Grammat.

Th. Estevaõ arte de lingoa Canarina. Goa 1640. 8.

CANTABR. s. Biscaya.

CAPUL.

Eine kleine Insel vor dem östlichen Eingange des Canals zwischen den Philippinen und Magindanao, deren Einwohner sich Abac nennen. Die Sprache scheint mit der Tagalischen und noch mehr mit der Bissayischen verwandt.

Parva insula a Carolinis ad Philippinas naviganti, fretumque quod has ab insula Magindanào separat, introituro opposita, cujus incolae se ipsi Abac nominant. Lingua cum Tagalica haud raro convenit, saepius etiam cum Bissaya.

Wörter — *Vocabula*

s. in

Hervas vocabol. poligl. p. 164.

CARAIBE.

Eine nicht bloſs über die kleinen Antillen oder Caraibischen Inseln, sondern über die Nord-Ost-Küste von Süd-Amerika, und hier ehemals noch weit mehr als jetzt verbreitete Nation. Auf den Inseln unterscheidet sich die Sprache der Männer und Weiber beträchtlicher von einander, als in andern Gegenden Amerikas.

Gens non solum super insulas, quae Antillae minores vel Caraibicae vocantur, sed etiam super oram septentrionali-orientalem Americae, ibique ante aliquot saecula etiam latius, quam nunc diffusa. Lingua virorum in illis insulis magis differt a foeminarum, quam in aliis Americae terris.

Wörter — *Vocabula*

s. in

Mithridates T. III. p. 696. sqq.

Lexic.

P. Boyer in d. Relation du voyage du Sieur de Bretigny à l'Amérique en 1643. (Paris 1654. 8.) p. 193 sqq.

A. Biet voyage en l'isle de Cayenne, entrepris par les François en 1652. Par. 1654. 4.

Pelleprat introduction à la langue de Galibis. Par. 1655. 12. an d. Relation des Peres de la Compagnie de Jesus dans les isles et dans la terre ferme de l'Amerique meridionale.

De Rochefort histoire des isles Antilles de l'Amerique. Roterd. 1658. 65. 81. 4. Vocabulaire Caraibe p. 572 sqq.

Raym. Breton dictionaire Caraibe-François et François-Caraibe meslé de quantité de remarques historiques pour l'ésclaircissement de la langue. Auxerr. 1665. 8.

Dictionaire Galibi, présenté sous deux formes I. commençant par le mot François, II. par le mot Galibi, précedé d'un essai de Grammaire par M. D. L. S. Par. 1763. 8.

Grammat.

Biet, Pelleprat, M. D. L. S. ll. cc.
Mithridat. T. III. p. 685.

CARELISCH. CARELIA.

s. Finn.

CÄRNTHEN. CARNIOLIA.

s. Winden.

CARTHAGISCH s. Puni.

CAUCASUS.

Die vielen Sprachen der Länder zwischen dem schwarzen und Caspischen Meer s. unter	*Plurimae sunt linguae populorum, Caspium mare inter et Pontum Euxinum degentium, quas v. sub*

Abasa, Georgien, Lesgi, Mizdscheg, Osset, Suan, Tscherkess, Tatar.

CAYUBABA.

Ein Volk in der Mitte von Süd-Amerika in den Missionen der Provinz los Moxos um den 12.° S. Br.

Populus mediae Americae meridionalis, provinciae los Moxos, circa gradum XII lat. merid.

Wörter s. in — *Vocabula* s. in

Hervas vocab. poligl.
Mithridates. T. III. p. 571. 76.

CAYUGA.

Eine von den (5) 6 (verbündeten) Nationen in Nord-Amerika südlich von den grofsen Canadischen Seen, welche ihre Wohnsitze am westlichsten, bis an den Nord-Arm des Susquehannah hat.

Unus ex (quinque) sex populis foederatis Americae septentrionalis, magnorum Canadae lacuum a meridie, cujus sedes latius, quam ceterorum, occidentem spectant, ramumque occidentalem fluminis Susquehannah attingunt.

Wörter s. in — *Vocabula* s. in

B. Smith-Barton new views of the origin of the tribes and nations of America. Philadelph. 1798. 8.
Mithridat. T. III. P. III. S. III D.

CELEBES s. Búgís.

CELTEN. CELTAE.

Von diesem, ehemals von Pannonien bis fast an die Pyrenäen, und vom Ausflufs des Rheins bis jenseits der Alpen verbreiteten Volke, s. die Reste unter Bretagne, Galisch, Irisch,

Nationis Celticae olim a Pannonia fere usque ad montes Pyrenaeos superque insulas Britanicas et inde ab ostiis Rheni trans Alpes usque sedes suas extendentis reliquias v. sub

Kimri. Wörtersammlungen der alten Celtischen oder Keltischen Sprache überhaupt sind

vocc. Bretania, Gal. Irisch, Kimri. Collecta sunt Celtarum veterum vocabula

in

Alteserra rerum Aquitanicarum libr. (Toulous. 1648. 4.) p. 127 sqq.

J. B. Bullet memoires sur la langue Celtique. (Besanc. 1754. F.) T. II. III.

Court de Gebelin monde primitif. T. V.

Stan. Bardetti della lingua de' primi abitatori dell' Italia (Mod. 1772. 4.) p. 58 sqq. 67 sqq.

Mithridates T. II. p. 40 sqq.

CEYLON. s. Cingales.

CHALDÄISCH CHALDAEA.

Die Sprache von Babylonien, dessen Beherrscher vom Stamme der Chaldäer waren, (denn welche Sprache diese eigentlichen Chaldäer zwischen Mesopotamien und Armenien redeten, läſst sich nicht näher bestimmen) eine Schwester der übrigen sogenannten Semitischen Sprachen, und zunächst der Syrischen, daher sie auch: Ost-Aramäisch, genannt worden ist.

Chaldaica lingua vetus Babylonia usa est, regibus e gente Chaldaea oriundis parens (nam quae Chaldaeorum proprie sic dictorum in finibus Mesopotamiae Armeniaeque degentium vera lingua fuerit, definire vix licebit). Illa soror est linguarum quae Semiticae vocantur, maximeque Syriacae.

Lexic.

J. Buxtorfii P. lexicon Chaldaico-Talmudicum et Rabbinicum. Bas. 1639. F.

J. Buxtorfii F. lexicon Chald. Syr. Bas. 1748. F.

Grammat.

J. D. Michaelis grammatica Chaldaica. Gott. 1771. 8.

Institutiones ad fundamenta Chaldaismi biblici. Ulm. 1787. 8.

CHEERAKE.

In Nord-Amerika auf der Ostseite des Missisippi im Süden des Ohio, im Norden der Chikkasah, im Nordosten der Katahba.

In America septentrionali, fluminis Missisippi ab oriente, fluminis Ohio a meridie, populi Chiccasa a septentrione, populi Kataba a septentrione et oriente.

Wörter *Vocabula*

s. in

Adair history of America. p. 43 sqq.

Smith Barton new views of the origin of the tribes and nations of America. Philad. 1798.

Mithridates T. III. P. III. S. III. B.

CHEPEWYAN.

Eine zahlreiche Nation zwischen dem 60 u. 65° N. Br. von der Hudsons-Bay bis zu der Süd-See über den Knisteneaux und Atnah, erst durch Makkenzie näher bekannt und von den nachher anzuführenden Chippewäern unterschieden.

Numerosa natio lat. bor. gradus a LX usque ad LXV occupans inde a sinu Hudsonis usque ad terras populorum Knistenaux et et Atnah, ante Angli Mackenzie iter vix nota, a Chippewaeis, (quos v.) bene distinguenda.

Wörter. *Vocabula.*

s. in

Arth. Dobbs account of the country adjoining to to Hudson's Bay Lond. 1744. 4. p. 206 sqq. Vocabulary of the Indians on the North-West part of Hudson's Bay.

Makkenzie voyages through the continent of North-America to the frozen and pacific Oceans in the years 1789 and 1793. (Lond. 1801. 4.) Deutsch: Hamb. 1802. p. 145.

Mithridates T. III. P. III. S. IV.

CHIKKASAH.

In Nord-Amerika auf der Ostseite des Missisippi um den 35° N. Br. in der Mitte zwischen den Flüssen Illinois und Mobile um die Quellen der zwey westlichen Arme des letzteren nordwestlich von den Muskohge. Sie heifsen bey älteren Schriftstellern auch Chicacha und sind nähere Stammverwandte der Choktah.

In America septentrionali, fluminis Missisippi ab oriente circa XXXV gradum lat. bor. inter fluvios Illinois et Mobile ad hujus ramos septentrionales. Eorum ab austro populus Muskohge s. Creek vivit. Illi a scriptoribus antiquioribus Chicacha appellantur, eorumque et populi Choktah propinqua est cognatio.

Wörter *Vocabula*

s. in

Adair history of America. p. 38 sqq.

Smith-Barton new views of the origin of the tribes and nations of America. Philad. 1798.

Mithridates T. III. P. III. S. III. B.

CHILI s. Araacan.

CHINESISCH. CHINA.

Die merkwürdige Sprache dieses grofsen Ost-Asiatischen Reichs hat die ursprünglichste Einfachheit und eine sehr beschränkte Anzahl

Lingua consideratione imprimis digna immensi Asiae orientalis imperii, quippe primitivam simplicitatem, certamque sono-

formloser *) Laute, welche, selbst durch viererley Arten des Tons unterschieden, nicht für den Umfang unserer Begriffe ausreichen, sondern eine Menge von Zusammensetzungen nöthig machen, neben einem, ganz ausser Verhältnisse zu jener Beschränktheit, höchst künstlich und umfassend ausgebildeten schriftlichen Ausdruck aller Gegenstände und Verhältnisse durch Begriffszeichen, worin sich scharfsinnige Beobachtung und Nachdenken erschöpft hat, und die Geistes-Cultur der in anderer Hinsicht zurückgebliebenen und an herkömmliche Einrichtungen jeder Art gefesselten Nation fast allein besteht. Mandarinen-Sprache oder Kuan-hoa heifst die am Hofe in den Residenzen und Staatsgeschäften herrschende Mundart, welche eigentlich der Provinz Kiang nan, dem ehemaligen Sitze der Regierung angehört.

*rum omni declinatione destitutorum *), neque, cum quatuor accentus modis distinguantur, notionum humanarum ambitum expientium, ideoque multipliciter componendorum supellectilem prae se ferens, ac ceterum utens summa copia artificiosissimorum signorum, quibus non soni litterarum, sed notiones et quidem omnis generis exprimuntur, qua in re sollertis subtilisque distinctionis et meditationis ars omnis sese quasi exhausisse, totaque animi cultura gentis alioquin in studiis parum progressae, quodque antiquitus usu propagatum erat, id solum anxie tenentis consistere videtur. Mandarinica s. Kuan-hoa appellatur dialectus, qua imperatoris aula, metropoles, magistratusque loquuntur, provinciae Kiang nan, imperii olim sedi, propria.*

*) Nur im gemeinen Leben werden einige Abwandelungen der Nenn- und Zeitwörter durch angehängte Partikeln ausgedruckt.

**) Nonnisi in vita communi aliquot casus nominum ac tempora verborum junctis particulis indicantur.*

s.

Th. S. Bayeri museum Sinicum Petrop. 1730. 8.

Steph. Fourmont meditationes Sinicae. Par. 1737. F.

Howell letters Aberd. 1753. 8. (essay on the Chinese language.)

Th. Hyde syntagma dissertat. ed. G. Sharpe (Oxon. 1767. 4.) de lingua Sinica.

(P. Amiot) lettre de Pekin sur le genie de la langue Chinoise. Brux. 1773. 4. 1782. 8.

v. Philosoph. Transactions Vol. LIX. P. II. p. 489 sqq.

J. Barrow travels in China, (Lond. 1804. 4.) Ch. VI. übers. Weim. p. 284 sqq.

(A. Montucci) remarques philologiques sur les voyages en Chine de Mr. de Guignes. Berl. 1809. 8. p. 39 sqq.

Wörter. *Vocabula.*

s. in

Fourmont, Hyde, Barrow, Montucci ll. cc.

H. Relandi dissert. miscell. Traj. ad Rh. 1706. 8. Vol. III. p. 112 sqq.

(Churchill) collection of voyages and travels Lond. 1732. F. T. VIII. p. 52.

Vocabul. Cathar. N. 164.

Hervas vocab. poligl. p. 164.

J. v. Klaproth Asiat. Magazin.

J. v. Klaproth Leichenstein auf dem Grabe der Chinesischen Gelehrsamkeit des Dr. Jos. Hager.

Lexic.

In Ath. Kircheri China illustrata. Amst. 1667. F.

F. S. Dalquié dictionaire Chinois et François. p. 524 sqq.

Boymi diction. Sin. in d. trad. Franç. Amst. 1670. F.

Chr. Menzelii sylloge minutiarum lexici Latino-Sinici characteristici. Norimb. 1685. 4.

Th. S. Bayer l. c.

Grammat.

Franc. Varo arte de la lengua Mandarina. Cant. 1703.

Th. S. Bayer l. c.

St. Fourmont linguae Sinarum Mandarinicae hieroglyphicae grammatica duplex. Par. 1742. F.

J. Barrow l. c.

Mithridates T. I. p. 43 sqq.

Dialect.

Grammatica urbis Chin-Cheu (Tsching-Tscheu, provinc. Fo-kien) in Th. S. Bayeri mus. Sin. T. I. p. 139 sqq. cf. Vocab. Catharinae N. 164. not.

Numeral. provinc. Canton v. Barrow l. c.

CHIPPEWAY.

Der Ast des grofsen Algongin - Chippeway - Delaware - Moheganschen Völkerstammes, welcher zwischen den westlichen grofsen Seen von Canada und dem Missisippi, den Nadowessiern, ihren Feinden, gegen über wohnt.

Ex populorum Chippeway, Algonkin, Mohegan, Delaware magna stirpe Chippewayi ipsi occidentales Canadae lacus inter et flumen Missisippi degunt, Nadowessiis oppositi.

Wörter — *Vocabula*

s. in

J. Carver travels in North-America. Lond. 1778. 1781. 8. p. 420 sqq. übers. Hamb. 1780. 8. p. 350 sqq.

J. Long voyages and travels Lond. 1791. 4. übers. Hamb. 1791. 8. p. 274 sqq.

B. D. Voyage à la Louisiana et sur le continent de l'Amerique septentrionale. Par. 1802. 8. p. 353 sqq.

Mithridates T. III. P. III. S. IV.

CHIQUITOS.

Ein Süd-Amerikanisches Volk in der von ihnen benannten Provinz am obern Para uay zwischen dem Chaco, der Provinz los Moxos und Brasilien.

Populus Americae meridionalis ad flumen Paraguay in provincia ab ipsis nominata inter provincias Chaco, los Moxos et Brasiliam.

Wörter *Vocabula*

s. in

Gilij saggio di storia American. Rom. 1782. 8. T. III. p. 357 sqq.
Hervas vocab. poligl. p. 163.
Mithridates T. III. p. 570.

Grammat.

Gilij l. c. p. 244 sqq.
Mithridates l. c. p. 559 sqq.

CHIWA.

An der Ost-Küste des Caspischen Meeres.

In littore orientali maris Caspici.

s. Turc.

CHOCTAH.

Ein Nord-Amerikanisches Volk im Osten des Missisippi um den 23° N. Br. auch Chactaw oder Chatka genannt. Die Sprache ist mit der der Chiccasah sehr verwandt.

Gens Americae septentrionalis fluminis Missisippi ab oriente, circa XXIII° lat. bor.: Chaktaw quoque vel Chatka appellantur. Linguae eorum et Chiccasah propinqua est cognatio.

Wörter *Vocabula*

s. in

Adair history of America p. 36 sqq.

B. Smith Barton new views of the origin of the tribes and nations of America. Philad. 1798.
Mithridates T. III. P. III. S. III. B. 2.

CHRISTENEAUX. CHNISTENEAUX.

Der am weitesten nach Westen reichende Ast des grofsen Algonkin - Chippeway - Delaware - Mohegan-schen Völkerstammes im Süden der Chepewyan und der Hudsons-Bay, bey Umfreville: Clisteno, Nehethawa.

Numerosa gens, quae ceteris stirpis Algongin-Chippeway - Mohegan - Delaware propaginibus latius occidentem versus sedes suas extendit, et populi Chepewyan (quos v.) et sinus Hudsonis a meridie. Ab Umfrevillio Clisteno s. Nehethawa vocantur.

Wörter *Vocabula*

s. in

E. Umfreville the present state of Hudsons-Bay. Lond. 1790. 8.

A. Mackenzie voyages from Montreal through the continent of North-America. Lond. 1801. 4. übers. Hamb. 1802. p. 118 sqq.

Lewis and Clarke travels in the years 1804—6.
Mithridates T. III. P. III. S. IV.

CHUNSAG. s. Awar.

CIMBRISCH s. Kimri.

CINGALESI.

Die Bewohner der Küsten der Ostindischen Insel Ceylan, deren Sprache besonders mit Töchtern des Sanskritt, aber auch mit dem Malayischen zusammenhängt,

Incolae littoris insulae Ceylan, quorum lingua praesertim Samscre amicae filiabus; sed Malaicae quoque cognata est, et cujus dialectus in vicinia ur-

hängt, und wovon die Mundart von Colombo, der vornehmsten ehemals Holländischen Niederlassung zunächst jenen Namen führt.

urbis Colombo praesidis olim Batavi sedis usitata praecipue illud nomen gerit.

Wörter *Vocabula*

s. in

Rob. Knox historical relation of the island of Ceylon. Lond. 1681. F. p. 104 sqq.

Hadr. Relandi dissertationes miscellaneae Traj. ad Rh. 1706—8. Vol. III. p. 82.

Vocabul. Cathar. n. 174.

Grammat.

J. Ruell grammatica of Singaleesche Taal-Kunst zynde een korte methode on de voornaamste fondamenten van de Singaleesche Spraak te leeren. Amst. 1708. 4.

J. Chamberlayne orat. Dominica. Amst. 1715. praefat. Wilkinsii p. 27 sqq.

COCHIMI.

Im Innern von Californien um den 31° N. Br. besonders in der Mission S. Xaver. Die Sprache ist mit der Laymonischen verwandt.

In California interiori circa XXXI° lat. bor. praesertim in missione S. Xaverii. Lingua haec et Laymonica cognatae sunt

Wörter *Vocabula*

s. in

Hervas vocab. poligl. p. 164 sqq. Aritmet. d. naz. p. 113.

Mithridates T. III. P. III. S. I. 2.

COCHINCHINA. s. Annam.

COCHNEWAGOES.

Ein Nebenzweig der Mohawks;

Colonia populi Mohawk, quem v.

s. Mohawk.

CONGO.

Ein, besonders ehemals, mächtiges Neger-Reich auf der Süd-West-Küste von Afrika, von dessen Beherrscher die benachbarten Länder abhängig waren, und mit dessen Sprache sie, namentlich Loango und Cacongo, Angola, Mandongo, Camba Einen Sprachstamm ausmachen.

Nigrorum regnum in Africae occidentalis ora meridionali, praesertim olim potens, a quo finitimae regiones dependerent, et cujus lingua cum dialectis harum regionum, ut Loango, Cacongo, Angola, Mandongo, Camba propinquam habet cognationem.

Wörter | *Vocabula*

s. in

Dapper Amerika.

Allgemeine Historie der Reisen. T. IV. p. 651. F.

(Churchill) collection of voyages and travels. (Lond. 1732. F.) T. I. p. 686. T. V. p. 512.

C. G. A. Oldendorp Geschichte der Mission. Barby 1777. p. 346.

Grandpré voyage à la côte occidentale d'Afrique. (Par. 1802.) T. I. p. 156 sqq.

Baudry de Lozieres second voyage de la Louisiane. Par. 1803.

G r a m m a t.

Hyac. Brusciotti a Vetrulla regulae quaedam pro difficillimi Congensium idiomatis faciliori captu ad grammaticae normam redactae. Rom 1659. 8.

COPTEN. COPTI.

Die alten Bewohner Aegyptens, deren Sprache wir aus den in den ersten Jahrhunderten nach Chr. Geb. verfertigten Coptischen Bibel-Übersetzungen kennen, wo sie schon mit Griechischem gemischt ist, und in den Anführungen Aegyptischer Wörter bey den alten Classikern noch weiter verfolgen. Sie unterschied sich im Nieder-Aegyptischen oder Memphitischen, und dem wohl reineren Saidischen Dialekte. Einen Neben-Dialekt des letzteren hat man den Baschmurischen oder Ammonischen nennen wollen.

Aegypti prisci incolae, quorum lingua in bibliorum versionibus Saec. II vel III post Chr. n. scriptis cernitur: etiam antiquioris vestigia auctores classici habent vocabula Aegyptiaca afferentes. Differebat Aegypti inferioris h. e. Memphitica dialectus a superioris s. Sahidica. Posterioris paullo diversam rationem fuere, qui Baschmuricam vel Ammonicam appellarent.

s.

Ath. Kircheri lingua Aegyptiaca restituta. Rom. 1644. 4.

Dav. Wilkins dissertat. de lingua Coptica, in Chamberlayne oratio Domin. p. 76 sqq.

S. T. G. Wahl allgem. Geschichte der morgenl. Sprachen und Litteratur. Lpz. 1784.

Fr. Münter de indole versionis Sahidicae Hafn. 1789. 4.

Et. Quadremere recherches critiques et historiques sur la langue et la litterature de l'Egypte. Par 1808. 8.

Wörter *Vocabula*

s. in

D. Wilkins l. c. p. 94 sqq.

Hervas vocab. poligl. p. 166 sqq.

P. E. Jablonski collectio atque explicatio vocum Aegyptiacarum, quarum mentio apud scriptores veteres occurrit. v. Jablonski opuscula ed. J. W. de Water. L. B. 1804. 8. T. I. p. 1 sqq. cf. p. 425 sqq.

Lexic.

Lexicon Aegyptiaco-Latinum ex veteribus illius linguae monumentis summo studio collectum et elaboratum a Mat. Veyssiere la Croze, quod in compendium redegit, ita ut nullae voces Aegyptiacae, nullaeque earum significationes omitterentur Christ. Scholz not. et ind. adjecit C. G. Woide. Oxon. 1775. 4.

Grammat.

(Raph. Tuki) rudimenta linguae Copticae s. Aegyptiacae in us. colleg. urb. de propaganda fide. Rom. 1771. 4.

Christ. Scholz grammatica Aegyptiaca utriusque dialecti quam breviavit, illustravit, edidit C. G. Woide Oxon. 1778. 4.

Didymi Taurinensis (Th. Valperga) litteraturae Copticae rudimentum. Parm. 1783. 8.

Mithridates T. III. P. I. p. 87 sqq.

CORA.

In Neu-Mexico in den Missionen von Nayarit, die Sprache ist auch wegen ihres Verhältnisses zur Mexicanischen merkwürdig.

Populus terrae Mexicanae novae ad fluvium Nayarit, cujus linguam inter et Mexicanam nexus est contemplatione dignus.

Wörter

Vocabula

s. in

Hervas vocab. poligl. p. 164 sqq.

Mithridates T. III. P. III. S. IV.

Lexic.

Jos. de Ortega vocabulario en lengua Castellana y Cora. Mexic. 1732. 4.

Grammat.

Ortega l. c. praefat.
Mithridates l. c.

CORANA s. Hottentotten.

COREA, CORÄKEN s. Korea.

CORNISCH, CORNWALES s. Kymri.

COROMANDEL s. Tamul.

CREEKS s. Muskohge.

CREOLISCH.

Verdorbenes oder verstümmeltes Holländisch und Niederdeutsch (oder auch Englisch), wie es sich unter den Neger-Sclaven auf der Amerikanischen Insel S. Croix zu einer besondern Mundart gebildet hat.

Lingua Batavorum, Germaniae inferioris (vel etiam Anglorum) corrupta mutilataque loquuntur nigri insulae a S. Cruce appellatae ita ut propria quasi dialectus constituatur.

s.

C. G. A. Oldendorp Geschichte der Mission der evangelischen Brüder auf den Caraibischen Inseln St. Thomas, St. Croix und St. Jan. Barby 1777. 8. T. I. p 424 sqq.

Grammat.

J. M. Grammatica over de Creolske sprog paa de Danske eilande i America. Kiöbenh. 1770. 8.

CROATIA.

Die Croatische Sprache gehört zum südöstlichen Aste des Slawischen Sprachstamms und ist dem Servischen oder Illyrischen, welchen letztern Namen sie auch führt, näher als dem Böhmischen und Polnischen.

Croatiae lingua accensenda est meridionali-orientalibus Slavicae gentis propaginibus, Servicae et Illyricae, cujus nomen affectat, propior quam Bohemicae et Polonicae.

Lexic.

Jo. Bellostenecz gazophylacium Latino-Illyricum. Zagrab. 1741. 4.

Andr. Jambressich lexicon Latinum interpretatione Illyrica, Germanica, et Hungarica 1742. 4.

Grammat.

Kroatische Sprachlehre für Deutsche. Warasdin 1783. 8.

Fr. Kornig Kroatische Sprachlehre für Deutsche. Agram 1795. 8.

D.

DALMATISCH s. Serwien.

DAMOT v. Agow.

DAMULISCH s. Tamulisch.

DANISCH. DANIA.

Diese Sprache macht mit ihren noch nördlicheren Schwestern den Scandinavischen Hauptast des Germanischen Sprachstammes aus.

Danica lingua ejusque etiam magis septentrionales sorores eae sunt stirpis Germanicae propagines, quae Scandinavicae vocantur.

Lexic.

Dictionnaire François-Danois et Danois-François. T. I—III. 1772—76. 4.

C. G. Reisler Dansk-Tydsk haandlexikon. T. I. II. Kiöbenh. 1799. verbessert von Primon T. I—III. 1810. 8.

J. Leth Dansk glossarium. Kiöbenh. 1800.

G. H. Müller Dänisch-Deutsches Wörterbuch. T. I. II. Schlesw. 1800. Deutsch-Dänisches Wörterbuch, revidirt von Goldborn. T. I—III. Kiel 1807—10.

DÂR - FÛR,

im innern Afrika im Westen von Nubien, zwischen dem 11. und 16.° N. Br.

in Africa interiori, Nubiae ab occidente, inter XI et XVI° lat. bor.

Wörter *Vocabula*

s. in

Mithridates T. III. P. I. p. 243 sq.

DÂR - RUNGA,

auch im Innern Afrika's in der Gegend von Dâr-Fûr.

in interiori Africa eademque ejus parte, ubi terra Darfur.

Wörter *Vocabula*

s. in

Browne travels in Africa, Egypt, Syria. Lond. 1799. p. 311 sq. übers. im Magazin der Reisebeschreib. p. 428 sqq.

Mithridates T. III. P. I. p. 243. sq.

DARIEN.

Die Erdenge zwischen Süd- und Mittel-Amerika.

Isthmus Americam meridionalem mediae septentrionalique iungens.

Wörter s. in *Vocabula*

L. Wafer voyage and description of the isthmus of America. Lond. 1699. 8. p. 181 sqq. übers. i. d. Voyages de G. Dampier. Amst. 1705. p. 250. i. d. Allgem. Historie der Reisen T. XV. p. 280.

DELAWARE.

waren besonders ehemals eins der Hauptvölker des südlichen Astes des grofsen Delaware-Mohegan-Algonkin-Chippewayschen Sprachstammes in Nord-Amerika, näher dem Flusse ihres Namens.

inter meridionales magnae gentium Delaware-Mohegan, Algonkin-Chippeway stirpis propagines, olim imprimis validi, tum fluvii Americae septentrionalis ab iis appellati, accolae.

Wörter s. in *Vocabula*

B. Smith-Barton new views of the origin of the tribes and nations of America. Philad. 1798.

Mithridates T. III. P. III. S. IV.

DEUTSCH.

Die Sprache des obern und mittleren Deutschlands, welche neben einer Menge mehr oder weniger abweichender Mundarten einzelner Gegenden eine gemeinsame Schrift- und Bücher-Sprache, das Hochdeutsch hat. (Plattdeutsch s. besonders a. s. O. und alte Dialekte unter German.)

Superioris mediaeque Germaniae, in copia dialectorum idiotismis singulorum locorum plus minusve refertarum, una eademque est lingua classica atque scriptoria, quae, qua cultior est, praecipue ac simpliciter Teutonica s. Germanica appellatur: (Orae septentrionalis linguam v. s. Plattdeutsch, veteris Germaniae dialectos v. s. German.)

J. C. C. Rüdiger Uebersicht der neueren Litteratur der teutschen Sprachkunde s. Gottscheden als Nachtrag und Fortsetzung zu Reichards Geschichte im: Neuesten Zuwachs der teutschen fremden u. allgem. Sprachkunde. St. IV. (Halle 1785.) p. 1 sqq.

Lexic.

Jo. Chr. Adelung grammatisch-kritisches Wörterbuch der Hochdeutschen Mundart mit Vergleichung der übrigen Mundarten besonders aber der Oberdeutschen. T. I—IV. Leipz. 1773—80. N. Aufl. 1793—1801. 4.

C. Ph. Moritz grammatisches Wörterbuch der deutschen Sprache fortges. v. Stutz, Stenzel, Vollbeding. T. I—IV. Berl. 1794—1800. 8.

(T. G. Voigtel) Handwörterbuch der Deutschen Sprache mit besonderer Rücksicht auf die Synonymen. Hall. 1804. 8.

Taschenwörterbuch der Deutschen Sprache. Leipz. 1807. 12.

J. H. Campe Wörterbuch der Deutschen Sprache. T. I—V. Braunschw. 1807—11. 4.

Grammat.

J. Ge. Schottel Teutsche Sprachkunst, darin die vollkommene, uhralte Hauptsprache der Teutschen aus ihren Gründen erhoben, deren Eigenschaften völlig entdeckt und also in eine richtige Form der Kunst zum ersten Mahle gebracht worden. Braunschw. 1640 u. 1651. 8.

J. Ge. Schottel der teutschen Sprache Einleitung. Lub. 1643. 8.

J. Ge. Schottel ausführliche Arbeit von der teutschen Haupt Sprache. Braunsch. 1663. 4.

Jo. Bödiker Grundsätze der deutschen Sprache. Berlin 1690—1746. 8.

Jo. Ch. Gottsched Grundlegung einer deutschen Sprachkunst. Lpz. 1748—1776.

C. Bodmer Grundsätze der deutschen Sprache. Zürich 1768. 8.

J. Fr. Heynatz Deutsche Sprachlehre für Schulen. T. I. II. Berl. 1770—1805.

J. Chr. Adelung Deutsche Sprachlehre zum Gebrauch der Schulen. Berl. 1781—1806. 8.

J. Chr. Adelung umständliches Lehrgebäude der Deutschen Sprachlehre zur Erläuterung der Sprachlehre für Schulen. T. I. II. Lpz. 1782. 83. 8.

C. Ph. Moritz Deutsche Sprachlehre in Briefen. Berl. 1782. 8.

Th. Heinsius Deutsche Sprachlehre, besonders zum Gebrauch iu Schulen. T. I. II. Berl. 1797—1801. 8.

K. H. L. Pölitz Lehrbuch der Deutschen Sprache in ihrem ganzen Umfange. Leipz. 1803 u. 1810. 8.

J. C. P. v. Steinheil Lehrgebäude der Deutschen Sprache mit einer Geschichte dieser Sprache überhaupt, und jedes Redetheils ins besondere. Stuttg. 1812. 8.

* * *

G. F. H. Wendeborn introductiou to German grammar. Lond. 1774 u. 1797. 8.

K. H. Schade new grammar of the German language. Lpz. 1805. 8.

J. S. Vater grammaire abbregée de la langue Allemande. Halle 1807. 8.

Dialect.

J. S. V. Popowitsch Versuch einer Vereinigung der Mundarten von Deutschland. Wien 1780. 8.

F. K. Fulda Versuch einer allgemeinen Deutschen Idiotiken-Sammlung. Berl. 1788. 8.

Ant. v. Klein Deutsches Provincial-Wörterbuch. Mannh. 1792. 8.

* * *

F. J. Stalder Versuch eines Schweizer-Idiotikons T. I. II. Bas. 1806. 8.

M. Höfer die Volkssprache in Oesterreich vorzüglich ob der Ens. Wien 1800. 8.

(Fr. Adelung) Pauselippe. Petersb. 1801. p. 87 sqq. Wiener Glossarium.

Jos. v. Hormayr Geschichte d. Grfsch. Tyrol. Tüb. 1806. T. I. P. I. p. 134 sqq. Idiotikon der Cimbri um Verona und Vicenza.

Fr. v. Paula Schrank Baierische Reise. 1786. p. 139 sqq.

J. Ch. Schmidt Versuch eines Schwäbischen Idioticons. Berl. 1795. 8.

K. Ch. L. Schmidt Westerwäldisches Idioticon mit etymologischen Anmerkungen und Vergleichungen anderer alter und neuer Germanischer Dialekte. Hadamar 1800. 8.

Fr. A. Jäger Briefe über die hohe Rhône in Franken. Arnst. 1803. T. II.

W. F. H. Reinwald Hennebergisches Idioticon mit etymologischen Anmerkungen und Vergleichungen anderer alter und neuer Germanischer Dialekte. P. I. II. Berl. 1795—1801. 8.

J. G. Bock Entwurf eines Preufsischen Wörterbuchs. Königsb. 1759. 8.

G. E. S. Hennig Preufsisches Wörterbuch. Königsb. 1785. 8.

Das Rigische Recht mit einem vollständigen Glossar von G. Oelrichs. T. I. II. Brem. 1773. 80. 4.

Idioticon der Deutschen Sprache in Lief- und Esthland. Rig. 1795. 8.

Journal von und für Deutschland. 1784. p. 325. 1785. T. I. p. 404 und N. XI. 1786. N. VI u. VIII. T. II. p. 255 u. 430. 1787 T. I. p. 48. 482. N. X. T. II. p. 133. 211. 413. 1788 N. II. N. VII. p. 332. T. II. p. 179. 425. 1789 N. I. IV. V. T. II. p. 166. 1791 N. VIII. p. 879.

Fr. Nicolai Reisen durch Deutschland. T. I. Beyl. p. 134. T. V. Beyl. p. 70 sqq. T. VI. Beyl. p. 96. T. VII. Beyl. p. xxxv. 179.

DIDO.

Ein unabhängiger Lesgischer Stamm auf dem Caucasus an den Quellen des Samur, dessen Mundart auch im District Unsoh im Nordosten von jenem gesprochen wird, und Spuren der Beymischung einer andern Stammsprache enthält.

Res publica in Caucaso ad fontes fluvii Samur, Lesgicarum linguarum dialectum cum pago Unsoh communem habens, vocabulis alius linguae admixtis.

Wörter *Vocabula*

s. in

J. A. Güldenstädt Reise durch Rufsland und im Caucasischen Gebirge T. II. p. 512 sqq.

Vocabularium Catharinae N. 53.

J. v. Klaproth Archiv für Asiatische Litteratur, Geschichte und Sprache. Petersb. 1810. p. 75.

J. v. Klaproth Reise in den Kaukasus T. II. Anh. p. 72.

Dialect

des Districts Kabutsch an Bächen des Samur.

pagi Kabutsoh ad rivulos in fluvium Samur influentes.

Wörter *Vocabula*

s. in

J. v. Klaproth ll. cc.

DORES v. Griech.

DSCHAR s. Awar.

DUNGALA.

Im südlichen Nubien auf der Westseite des Nil.	*In Nubia meridionali, Nili ab occidente.*
Wörter	*Vocabula*

s. in

Mithridates T. III. P. I. p. 130.

DUGOR s. Osset.

E.

ECCLEMACH s. Escelen.

ENGLISCH.

Die Sprache Englands geht theils zur Zeit der Römischen Herrschaft, und der Besitzungen in Frankreich von dem Lateinischen, theils durch Angel-Sachsen und Normannen vom Germanischen Stamme aus, deren Wörter und Formen sie verbunden, sich aber dabey mit Selbstständigkeit ausgebildet hat.	*Angliae lingua cum Latinae stirpis est, inde a Romanorum illuc extenso imperio et postea ob Angliae in Franco-Gallia possessiones, tum etiam magis Germanicae, quippe potis imum ab Anglo-Saxonibus, Normannis Danisque profecta: utriusque et vocabula et eorum flexiones mixtae sunt cum delectu ingeniose facto.*

v.

Sam. Johnson history of the English language, in Lexic.

V. J. Peyton history of the English language. Lond. 1771. 8.

J. Ch. Adelung Versuch einer Geschichte der Englischen Sprache s. Lexic. T. I. p. XIII sqq.

Three philological essays chiefly translated from the German of J. Ch. Adelung by A. F. M. Willich. Lond. 1798. 8.

Lexic.

Guil. Somneri historiae Anglicanae scriptores decem cum glossario. Lond. 1652. F.

S. Skinneri etymologicum linguae Anglicanae. Lond. 1671. F.

Rob. Braday introduction to the old English history with a glossary expounding words in our ancient records, laws and historians. Lond. 1684. F.

W. Baxter glossarium antiquitatum Britannicarum. Lond. 1733. 8.

Fr. Junii etymologicum Anglicanum ed. Ed. Lye. Oxon. 1743. F.

Ge. W. Lemon English etymology. Lond. 1783. 4.

*　　*
*

Nath. Bailey universal etymological English dictionary.

Sam. Johnson dictionary of the English language. T. I. II. Lond. 1755. 1783. 8.

(J. Ch. Adelung) neues grammatisch-kritisches Wörterbuch der Engl. Sprache, vornämlich nach Johnson. T. I. II. Lpz. 1783. 96. 8.

Th. Sheridan complete dictionary of the English language. Lond. 1789. 97. 8.

J. Walker critical pronouncing dictionary. Lond. 1791. 8.

J. Ebers neues und vollständiges Deutsch-Englisches Wörterbuch. Lpz. 1796. T. I—III. 8. Auszug T. I. II. Halle 1800—1802. 8.

N. Bailey Englisch-Deutsches u. Deutsch-Englisches Wörterbuch gänzlich umgearbeitet von J. A. Fahrenkrüger. T. I. II. Jen. 1797. 1801. 8.

S. H. Wilcocke new and complete dictionary of the English and Dutch languages. Lond. 1798. 8.

Grammat.

B. Johnson English grammar.

Guthrie English grammar.

Priestley rudiments of English grammar. Lond. 1762. 68. 8.

J. Ch. Albrecht kritische Englische Grammatik. Halle 1784. 8.

Th. Sheridan elements of English. Lond. 1786.

Fisher grammar improved by various amendments in orthography and prosody from Sheridan a. o. and in etymologie and Syntaxe principally from R. Lowth by J. Wilson Lond. 1792. 8.

L. Murray English grammar. Lond. 1797. 8.

R. Postlethwaite grammatical art improved in which the errors of the grammarians and lexicographes are exposed. Lond. 1795. 12.

A. F. C. Wagner vollständige Engl Sprachlehre für d. Deutschen. Braunschw. 1802. 8.

J. Ebers theoretische und praktische Grammatik der Englischen Sprache. Halle 1813. 8.

Dialect.

Jo. Ray collection of English words not generally used in two alphabetical catalogues, the one of such, as are proper to the northern, the other to the southern counties. Lond. 16-4. 8.

(Fr. Grose) classical dictionary of the vulgar tongue. Lond. 1785. 8.

Fr. Grose provincial-glossary. Lond. 1787. 8.

W. Kennett parochial antiquities of Oxford and Bucks with a glossary Oxf. 1695. 4.

Marshall rural economy of Yorkshire with a copious glossary and prefatory observations concerning the provincial language of Yorkshire. T. I. II. Lond. 1788. 8.

Marshall rural economy of Norfolk Lond. 1787. T. II. p. 376. sqq. provincialisms.

Marshall rural economy of the Midland counties Lond. 1790. 8. T. II. p. 433 sqq. provincialisms.

Collier view of the Lancashire with a glossary. Lond. 1746. 50. 8.

An exmoor courtship in the Devonshire-Dialect with a vocabulary 1746. 8.

J. Relph miscellany of poems with a glossary of the Cumberland-Dialect Glasg. 1747. 8.

A. W. Westmore dialect with a glossary Kendal. 1790. 12.

Th. Percy reliques of ancient English poetry with a glossary of obsolete and Scotish words. T. I—III. Lond. 1765. 75. 95.

T. Tyrwhitt the Canterbury tales of Chaucer with a glossary T. I—V. Lond. 1778. 8.

*   *
*

Jo. Sinclair observations on the Scottish dialect Lond. 1782. 8.

Th. Ruddiman glossary of the old Scottish language, in G. Douglas Virgil's Aeneis. Edinb. 1710. F.

J. Jamieson etymological dictionary of the Scottish language with a dissertation of its origine T. I. II. Edinb. 1808. 4.

Von der alten Angelsächsischen Sprache selbst fehlt nähere Kunde, wohl aber kennt man die Sprache der Angel-Sächsich-Dänischen Periode, welche eine Mi-

Anglo-Saxonum veterum linguae vestigia tantum non omnino desunt, in Anglia ipsa iam aliquantum immutatae, et cum Danorum maritimis in-

Mischung des damals schon in England selbst etwas umgestalteten Angelsächsischen mit dem Dänischen ist, gewöhnlich aber geradehin Angelsächsisch genannt wird.

Das vorher angeführte Schottisch-Englische (von Nord-Schottland s. Galisch) ist dieser Germanischen Grundlage näher geblieben.

incursionibus advectorum dialecto mixtae ratio notior est, quae ipsa simpliciter Anglo-Saxonica appellari solet.

Dialectus Scotica antea commemorata matri huic Germanicae etiamnum propior est (Linguam Scotiae septentrionalis v. s. Galica).

Lexic.

G. Somneri dictionarium Saxonico-Latino-Anglicanum, acc. Aelfrici Abb. († 1051) grammatica Latino-Saxonica cum ejusd. glossario Oxon 1659. F.

Th. Benson vocabularium Anglo-Saxonicum. Oxon. 1701. 8.

Grammat.

Ge. Hickesii institutiones grammaticae Anglo-Saxonicae et Moeso-Gothicae Oxon.. 1689. 4. Grammat. Anglo-Saxon. ed. E. Thwaites. Oxon. 1711. 8.

Elis. Elstab rudiments of grammar for the English-Saxon tongue. Lond. 1715. 4.

EPIROTISCH s. Alban.

ERSISCH s. Irisch.

ESKIMO s. Grönländisch.

ESCELEN.

Auf der Nord-Westküste von Amerika im Osten von Monterey, bey Bourgoing: Eslenes, in la Perouse's Reise Esclemaches genannt.

In ora septentrionali-occidentali Americae, portus Monterey ab oriente, vocantur quoque vel Eslenes vel Esclemaches.

Wörter *Vocabula*

s. in

Bourgoing relation d'un voyage recent des Espagnols sur les côtes nord-ouest de l'Amerique septentrionale. 1792.

Archives littéraires 1804. N. IV. p. 87.

Al. de Humboldt essai politique de la nouvelle Espagne. p. 322 sq.

La Perouse voyage autour du monde T. I. ch. XII. übers. Berl. 1799. T. I. p. 388.

Mithridates T. III. P. III. 3. S. I. 3.

ESTHEN.

Zum Finnischen (Tschudischen) Völker- u. Sprachstamme gehören die Esthen, das Landvolk im nordöstlichen Liefland: Hauptdialekte ihrer Sprache sind der Revalsche und der Dörpter. Beyde umfafst

Fennicorum populorum propago Esthones sunt, ruris coloni in Livonia septentrionali-orientali. Lingua in multas dialectus dividitur, quarum praecipuae sunt Revaliensis et Dorpatiensis. Utramque complectitur

A. W. Hupel Esthnische Sprachlehre und Wörterbuch. Rig. 1780. 1806. 8.

s. auch

Vocabular. Catharin. N. 55.

ETRURIA.

Forschungen über die Sprache der alten Etrusker, der Nachbarn und Vorbilder der Römer s.

Inquiritur in linguam veteris Etruriae, Romae confinis et quod in multis imitaretur exempli

in

L. Lanzi saggio di lingua Etrusca e di altre antiche d'Italia per servire alla storia de' popoli delle lingue e delle belle arti. Rom. 1789. T. I—III. 8.

F.

FALASCHA.

Ein der Jüdischen Religion zugethanes Volk in und um Habesch in Ost-Afrika.

Gens Africae orientalis et in ipsa Abessynia et in ejus vicinia degens, Mosaicis sacris addicta.

Einige Wörter *Aliquot vocabula*

s. in

Mithridates T. III. P. I. p. 117.

FALL - INDIANER.

Im innern Nordwest-Amerika nördlich von den Quellen des Missuri, von Wasserfällen, an denen sie wohnen, bey den Nehethawa (s. Christeneaux) so genannt.

Gens interioris Americae septentrionali - occidentalis, fluminis Missuri a septentrione, a cataractis, quarum in vicinia versatur, illud nomen gerens inter Nehethawas (v. Christeneaux).

Wörter *Vocabula*

s. in

E. Umfreville the present state of Hudson's Bay. Lond. 1790. 8.

Mithridates T. III. P. III. 3. S. II. 1.

FANTE.
FETU.

Zwey Neger-Völker, an der West - und zwar der Gold - Küste von Afrika, zum Amina Sprachstamme gehörig; Fante unweit Akra an der Küste, Fetu um 4 50′ N. Br.

Populi Africae occidentalis et quidem littoris, quod aureum dicitur, nigri, utrique stirpis Amina, (quam v.) Fante haud procul ab Acra, Fetu circa 4° 50′ lat. bor.

Von beiden s. Wörter
in

Mithridates T. III. P. III. p. 192 sq.

von Fetu
in

W. J. Müller Africanische Landschaft Fetu. Hamb. 1673. 8.

Grammat.

Chr. Protten en nyttig grammaticalsk indledelse til tvende hidindtil gandske ubesiendte sprog Fanteiskog Acraisk paa Gold-Küsten udi Guinea, efter den Danske pronunciation og udtale Kiobenh. 1764. 8.

Mithridates l. c. p. 189 sqq.

FELUP.

Ein Volk in West-Afrika in Senegambien, an den Ufern des Casamanca.

Populus Africae occidentalis in ora, quae Senegambia vocatur, ad ripas fluvii Casamanca.

Die Zahlwörter s. in

Munko-Park.

Mithridates T. III. P. III. p. 170.

FIDAH s. Widah.

FINNEN. FENNI.

Völker vom Finnischen Sprachstamme, der auch der Tschudische genannt wird, wohnen und wohnten an den östlichen Küsten des Baltischen Meeres und von da nord-ostwärts. Man hat mehrere oder wenigere Völker dazu gerechnet *), sicher

*Fennicae s. Tschudicae stirpis propagines orientalium maris Baltici littorum accolae sunt, septentrionemque versus se extenderunt. Plus minusve gentium *) ad illam stirpem refertur, Esthones certe referendi sunt.*

*) Lappon. Wogul. Wotjak. Tschuwasch. Tscheremifs. Perm. Sirjän. Morduin. Ungar

gehören die Esthen dazu. Die eigentlichen Finnen bewohnen Finnland und das benachbarte Carelien und Olonez, wo besondere Mundarten Statt finden.	*Finni, Fenni, Fennones proprie sic dicti Finnlandium tenent vicinasque provincias Olonez et Careliam, quae singularibus dialectis utuntur.*

s.

A. L. Schlötzer allgem. Nordische Geschichte. p. 246 sqq. 301 sqq.

S. Gyarmathi affinitas linguae Hungaricae cum linguis Fennicae originis. Gött. 1799. 8.

Finnische Wörter	*Vocabula Fennica*

s. in

J. Thunmann Untersuchungen über die alte Geschichte einiger nordischen Völker. Berl. 1772. p. 89 sqq.

Vocabular. Catharinae. N. 54.

Lexic.

Vocabularium Latinum cum Suecica et Finnonica interpretatione. Holm. 1664. 8.

Vocabularium Latino - Suecico - Germanico - Finnicum. Holm. 1695. 8.

Dan. Juslenii tentamen lexici Finnici. Holm. 1745. 4.

Grammat.

M. Martinii grammatica linguae Fennicae. Holm. 1689. 8.

Anvisning til Finska och Svenska sproket. Stockholm 1772. 1782. 8.

Dialect.

Wörter von Carelien und Olonez

s. in

Vocabular. Catharin. N. 56 u. 57.

FLAMISCH. FLAMLANDISCH.

Die Mundart der Niederländischen Sprache, welche sich im XIV Jahrhundert an dem Hofe von Flandern und Brabant ausgebildet hatte, hernach aber, von der Holländischen Mundart verdrängt, blosse Volkssprache geworden ist.

Dialectus stirpis Germanicae saec. XIV in aula principum Brabantinorum et Flandricorum exculta, postea Hollandicae principatum cedens, nec nisi in vita communi servata.

Wörter — *Vocabula*

s. in

Hervas vocab. poligl. p. 165 sqq.

Lexic.

Corn. Kilian Duffl. etymologicum Teutonicae linguae 1583. 8. ed. G. Hasselt Utrecht 1777. T. I. II. 4.

FORMOSA.

Insel an der Ostküste von China, der Provinz Fo-kien gegen über.

Insula Chinae, et quidem provinciae Fo-kien ab oriente.

Wörter — *Vocabula*

s. in

D. Gravius formulier des Christendoms in de Sideis-Formosansche Taal. Amst. 1660. 4.
Mithridates T. I. p. 580.

FRÄNKISCH s. German.

FRANZÖSISCH. FRANÇOIS.

Die Französische Sprache ist eine Tochter der Lateinischen, bereichert durch beybehaltene Keltische Wörter bey der Herrschaft der

Franco-Gallica lingua Latinae filia est, vocabulis aucta Celticis sub Romanorum imperio servatis, post magna Germanicorum

Römer, und nach derselben durch eine grofse Menge Germanischer, nämlich besonders Fränkischer. Die allgemeine Umgangs- und Schrift-Sprache Frankreichs geht mehr von der älteren Sprache des nördlichen Theils (langue d'oil oder: d'oui), als des südlichen (s. Provençal) aus; jene hatte sich, etwas später als diese, unter ähnlich begünstigenden Umständen, vom XII. und XIII. Jahrhundert an, gehoben und ausgebildet. Unter die Ursachen ihrer Verbreitung über die ganze Nation gehörte unter andern der Einfluſs der damals überall her besuchten Universität Paris.

maxime Francicorum copia. Franco-Galliae hodiernae communis et scriptoria lingua artius, quam cum meridionali, (v. Provençal) cohaeret cum antiquiore septentrionali dialecto, quae paullo quidem serius, quam illa, saec. XII. XIII, simili tamen modo a scriptoribus poësi et in principum aulis exculta est. Cum Parisii non solum regum totius gentis, sed etiam litterarum universitatis undecunque frequentatae sedes essent, ejus dominatus caussae facile intelliguntur.

V.

Bonamy sur l'introduction de la langue Latine dans les Gaules i. Memoir. de l'Acad. d. Inscr. T. XXIV.

Duclos sur l'origine et les revolutions de la langue Françoise i. Memoires de l'Acad. d. inscript. T. XV. XVII.

De la Curne de S. Palaye sur la langue Francoise des XII et XIIIme siécles comparée avec la langue Prouencale, Italienne et Espagnole i. Memoir. de l'Acad. d. inscr. T. XXIV.

Court de Gebelin monde primitif T. V. prélim. p. 32 sqq.

Oberlin essai sur le patois Lorrain. ch. II.

* *
*

Les poesies du roy de Navarre avec des notes et un glossaire François Par. 1742. T. I. II. 8.

Lacombe dictionaire du vieux langage François Par. 1766 T. I. II. 8.

Dictionaire du vieux langage Francois contenant aussi la langue Romance ou Proveaçale et la Normande. Par. 1786. T. I. II. 8.

Grand vocabulaire François (p. Champfort, Guyot etc.) Pa. 1769—74. T. I—XXX. 4.

Rob. Kelham dictionary of the Norman or old French language Lond. 1779. 8.

* *
*

G. Menage dictionaire étymologique ou origines de la langue Françoise. Par. 1650. 4. 1695. f. 1750. T. I. II. f.

C. du Fresne etymologicum linguae Gallicae. Par. 1682. f.

J. E. Stosch Versuch e. nähern Bestimmung d. gleichbedeutenden Wörter. T. IV. Kritische Anmerkungen p. 317—451.

* *
*

Le Long et Fevret bibliotheque historique de la France. T. II. p. 21 sqq.

Lexic.

Dictionnaire François-Latin. Paris R. Stephan. 1549. f.

Dictionnaire de l'academie françoise Par. 1644. 1694. T. I—IV. f. Par. 1799. T. I. II. 4.

J. Fourtière dictionnaire universel. Haye. T. I—III. 1690. p. Brutel de la Rivière. T. I—IV. 1725.

P. Richelet dictionnaire de la langue Françoise ancienne et moderne. Gen. 1680. T. I. II. Par. 1719. T I—III. f.

Dictionnaire universel François et Latin a Trevoux 1704. T. I. II. f. Par. 1771. T. I—VIII. f.

Dictionnaire étymologique, grammatique et critique de la langue Françoise T. I. II. Hal. 1784. 4.

De la Veaux dictionnaire François - Allemand. Berl. 1784. Braunschw. 1806. T. I. II. 8.

Chr. Fr. Schwan dictionnaire de la langue Françoise et Allemande Mannh. 1787—93. T. I—IV. 4. Supplement 1798. Extrait. Tüb. 1799. 1800. T. I.—IV. 8.

Grammat.

F. S. Regn. des Marais histoire de la grammaire Françoise. Par. 1706. 12.

*　　　*
*

Gallicae grammatices libellus Par. R. Stephan. 1569. 8.

E. Favre de Vaugelas remarques sur la langue Françoise — avec les notes de Th. Corneille T. I. II. 1687, de l'acad. Franç. 1714. 4. de Patru T. I—III. Par. 1738. 12.

De la Touche l'art de bien parler en François. T. I. II. Amst. 1696. 12.

F. S. Regn. des Marais grammaire Françoise Par. 1707. 12.

Restaut principes généraux et raisonnables de la grammaire Françoise. Par. 1730. 8.

Girard principes de la langue Françoise. Amst. 1747. 8.

N. Fr. Wailly principes de la langue Franç. Par. 1754—1804.

Sicard élémens de la langue Françoise. Par. 1787. 12.

Nouvelle Grammaire raisonnée (par Ginguené, La Harpe, Suard etc.) Par. 1795—1802. 8.

J. B. Daubnoy Französ. Sprachlehre. Dortm. 1797. 8.

S. Debonale Französische Grammatik. Hamb. 1797. 1808. 8.

De Levizoc l'art de parler et d'écrire la lang. Franç. Lond. 1797. par le Tellier Par. 1802.

W. Mila und J. Ph. Cournon systematische Anweisung zur Erlernung der Französ. Sprache. T. I. II. Berl. 1800. 8.

Mozin Französ. Sprachlehre. Tüb. 1802. T. I—IV. 1813. 1814. 8.

Lardillon observations sur la grammaire Franç. Par. 1804. 8.

U. Domergue manuel des étrangers amateurs de la langue Franç. ouvrage utile aux François eux mêmes. Par. 1805. 8.

S. Dufresnoy grammaires comparées des langues Françoise et Angloise. Par. 1805. 8.

Dialect.

Court de Gebelin monde primitif T. V. prélim. p. 65 sqq.

J. J. Champollion - Figeac nouvelles recherches sur les patois ou idiomes vulgaires de la France et en particulier sur ceux du département de l'Isère, suivies d'un essai sur la littérature Dauphinoise et d'un appendix contenant des pieces en vers et en prose peu connues, et d'un vocabulaire. Par. 1809. 8.

v. Murr Journal für Kunst und Litteratur T. VI. p. 236 sqq. Bibliothèque Patoise.

* * *

Dictionnaire des Halles Brux. 1676. 12.

Dictionaire Roman-Wallon, Celtique et Tudesque. Bouill. 1777. 4.

Oberlin essai du patois Lorrain des environs du comté du Ban de la Roche d'Alsace Strasb. 1775. 8. (Grammat. et Glossaire)

De Brun et Petit Benoist dictionaire Comtois-François 1753. 4.

Noëls Bourguignons de Gui Barozzi Dijon 1720. (et glossaire)

E. Bertrand sur les langues anciennes et modernes de la Suisse principalement du pays de Vaud Gen. 1758. 8.

FREUNDSCHAFTS-INSELN. FRIENDLY ISLANDS.

In der Südsee, westlich von den Gesellschafts-Inseln; die Sprachen beider sind nahe verwandt. Die Cocos- und Horn-Insel gehören zu ersteren.

In mari australi, insularum societatis ab occidente. Est inter linguas utrarumque propinqua cognatio. Insula Cocos et Horn ad illas pertinent.

Wörter *Vocabula*

s. in

J. Cook voyage to the pacific ocean in the years 1776—80. (Lond. 1784.) T. II. p. 417 sq. Append N. 3.

Vocabular. Catharinae N. 196.

La Billardière voyage à la recherche de la Perouse. T. II. App. p. 47 sqq.

H. Relandi dissert. miscellan. T. III. p. 123 sqq.

Dalrymple historical collection of voyages in the South pacific ocean. App. p. 20 sqq.

FRIESISCH s. German.

FULAH.

Eine zwischen dem Gambia und Senegal, und südlich von jenem bis Sierra Leone und nördlich von diesem bis über den Gülbi nach Afnu und Fezzan hin

Gens late dissipata super Africam occidentalem inter flumina Gambia et Senegal, illius a meridie usque ad montes Sierra Leone, hujusque a septen-

verbreitete Nation, in jenen westlichen Gegenden langst bekannt, in der östlichen Ausdehnung jenseits des Gülbi über Afnu oder Haussa und die Sahara, wo sie den Namen Phellata führen, erst bekannt geworden. Aus dem Zusammentreffen der Sprache erhellet die Einheit der Abstammung.

trione usque ad flumen Nigrum, et citra orientem versus usque ad terras Afnu et Fezzan, in illa ora occidentali diu nota, Nigri in septentrione, ubi nomen Phellata-Arabum gerunt, ante hos paucos annos detecta. Consensus linguae utrorumque demonstrat, eandem hanc esse gentem.

Wörter *Vocabula*

s. in

J. Barbot description des côtes de Guinea p. 416 sqq. Engl. trad. Lond. 1746. p. 413 sqq.

Allgemeine Historie der Reisen. T. III. p. 222 sqq.

Phellata-Dialect.

Königsberger Archiv für Philosophie Theologie, Sprachkunde u. Geschichte T. I. p. 51 sqq.

Mithridates T. III. S. I. p. 153.

G.

GAFAT.

Im südlichen Abessynien in der Nähe von Damot an den Ufern des Nil.

In Abessynia meridionali ad ripam Nili haud procul a regno Damot.

Einige Wörter *Aliquot vocabula*

s. in

Mithridates T. III. S. I. p. 127.

GALISCH.

Die Sprache des nördlichen Schottlands oder Hochlandes, unter den Celtischen Ur-Einwohnern und den aus Irland eingefallenen Schotten, auch Celtischen Stammes, so gestaltet, und durch Dichtkunst ausgebildet.

Lingua Galica Scotiae septentrionali propria est, inter priscos ejus incolas Celticos ejusdemque stirpis gentes ex Hibernia illuc irrumpentes ita conformata, poësi culta.

s.

John Macpherson critical dissertation on the origine, antiquities, language of the ancient Caledonians. Lond. 1768. 4.

Wörter — *Vocabula*

s. in

Vocabul. Cathar. N. 17.

Hervas vocab. poligl. p. 165. sqq.

Lexic.

Al. M'Donald Galic and English vocabulary. Edinb. 1741. 8.

Dialect.

Die Insel Man zwischen England, Schottland und Irland hat einen mit Wallisischem, Norwegischem, Englischem gemischteren Dialect.

Insula Mona Angliam inter et Hiberniam Scotiamque dialecto utitur vocabulis Cambricis, Norvegicis Anglicisque mixta.

s.

H. Rowland Mona antiqua restaurata with an appendix containing a comparative table of primitive and derivative words. Lond. 1766. 4.

J. Kelly practical grammar of the ancient Galic or language of the isle of Man usually called Mansk. Lond. 1803. 4.

GALLAS.

Ein grofses Volk im Südwesten von Abessynien, und weiter in das Innere von Afrika verbreitet übermächtig in jenen Gegenden und roh.

Gens numerosa et barbara Abessyniae a meri lie et occidente, latiusque in interiorem Africam extensa.

Einige Wörter

Aliquot Vocabula

s. in

Ludolph historia Aethiopiae L. I. c. 15. 16.
Mithridates T. III. S. I. p. 250.

GALLÈGA s. Spanisch.

GARROW.

Bewohner der Gebirge im Nordosten von Bengalen, in ihre Sprache ist Bengalisches eingemischt.

Incolae montium Bengaliae ab oriente et septentrione. Lingua aliquid a Bengalica traxit.

Wörter.

Vocabula.

s. in

Asiatical researches. T. III. p. 34.

GEEZ s. Aethiopia.

GEORGISCH. GEORGIA.

Georgien oder Grusien, ehemals Iberien genannt, im Süden und Südwesten der übrigen Bewohner des Caucasus zu beiden Seiten des Kur, mit seiner eigenthümlichen Sprache, der alten kirchlichen und der heutigen Umgangs-Sprache, welche in dem nördlichen

Georgia s. Iberia Caucasi in meridie et occidente in utraque Cyri ripa propriam linguam habet, et antiquam versionis bibliorum in sacris usitatam, et hodiernam, quae in provinciis Karduel, Kachethi, Imirette, Guria et inter ipsos, qui in Persiae ter-

Kharthli od. Karduel, dem südöstlichen Kachethi, in dem westlichen Imirette od. Meietsnien und Gurien und selbst bey den 1622 nach Persien nach Astrabad weggeführten Georgiern wenig verschieden ist, aber sowohl im nordwestlichen Mingrelien als dem südlichen Lasien, welches bis Trebisonde reicht, abweichende Dialekte hat.

ras deducti sunt, Georgios vix diversa est, sed et in Mingreliae et in Lasiorum usque ad Trapezuntem sese extendentium dialectis magis differt.

Wörter s. in *Vocabula*

Witsen Noord en Ost-Tatarye T. II. p. 506. 526.

J. A. Güldenstädt Reisen durch Rufsland und im Caucasischen Gebirge T. II. p. 496 sqq.

Vocabular. Catharin. N. 108. 109.

Hervas vocab. poligl. p. 164 sqq.

F. C. Alter über die Georgianische Literatur. Wien 1798.

J. v. Klaproth Beschreibung der Russischen Provinzen zwischen dem schwarzen und kaspischen Meere. Berl. 1814. p. 67.

Grammat.

Kratkaja Grusinskaja Grammatika (Russ.) Petersb. 1802. 8.

GERMANISCH. GERMANIA VETUS.

Der Germanische Sprachstamm begreift ausser dem Deutschen, wie dieses jetzt in Deutschland gesprochen wird (s. Deutsch und Platt-Deutsch) noch das Dänische,

Ad linguas Germanicae stirpis non solum quae in hodierna Germania dominatur (v. Deutsch, Platt-Deutsch), sed etiam Danica, Suecica, Norvegica,

Schwedische, Norwegische, Isländische, Holländische, zum Theil auch das Englische. Aber theils vor der Trennung dieser Zweige, theils kurz hernach lebten mehr oder weniger lange andere alte Germanische Mundarten, das Möso-Gothische, Alemannische, Fränkische, Friesische (letzteres am längsten und bis zum XV. Jahrh. in schriftlichem Gebrauche, seit dem eben so wie das Alemannische nur noch als Volks-Dialekt.) Die Denkmäler und Bearbeitungen dieser einzelnen alten Mundarten dienen zur Kunde des ältesten Zustandes des gesammten Germanischen Sprachstammes. Zunächst folgen die seine Geschichte und Etymologie überhaupt behandelnden Werke.

Islandica, Hollandica, ex parte etiam Anglica, referendae sunt. Antequam illae propagines divellerentur et paullo post, aliae dialecti Germaniae florebant, Möso-Gothica, Francica, Alemannica et qua usque ad saec. XV. scribentes usi sunt, Frisica. Ex veterum harum dialectorum monumentis, et tum singularium tum omnium lexicis, grammaticis universae hujus linguarum familiae notitia hauritur.

V.

J. G. Eccardi historia studii etymologici linguae Germanicae, ubi scriptores plerique recensentur, qui in origines et antiquitates linguae Teutonicae, Saxonicae, Belgicae, Danicae, Suecicae, Norwegicae, Islandicae inquisivernnt Hanov. 1711. 8.

*   *
*

J. Schilteri thesaurus antiquitatum Teutonicarum ed. J. Chr. Simonis et J. G. Scherz T. I—III. Ulm 1728. F.

J. G.

J. G. Wachteri glossarium Germanicum. Lips. 1757. T. I. II. F.

C. G. Haltaus glossarium Germanicum medii aevi Lips. 1758. T. I. II. F.

M. Gerberti iter Alemannicum, sequuntur glossaria Theodisca ex codd. Mstis S. Blasii 1765. 8.

J. G. Scherzii glossarium Germanicum medii aevi ed. J. J. Oberlin Argent. 1781. T. I. II. F.

F. C. Fulda Sammlung Germanischer Wurzelwörter herausgegeb. v. J. G. Meusel Halle 1776. 4.

* * *

Geo. Hickes thesaurus linguarum veterum septentrionalium Oxon. 1705. T. I. institutiones grammat. Anglosaxon, Mösogoth, Francotheotisc Island.

Linguarum veterum septentrionalium thesauri grammatici auct. Ge. Hickesio conspectus brevis p. Gu. Wattonum Lond. 1708. 8.

C. Michaelis tabulae parallelae antiquissimarum Teutonicae linguae dialectorum Oenipont. 1776. 8.

* * *

J. Chr. Adelung älteste Geschichte der Deutschen, ihrer Sprache und Litteratur bis zur Völkerwanderung Lpz. 1806. 8.

(J. P. Willenbücher) praktische Anweisung zur Kenntniss der Hauptveranderungen und Mundarten der Deutschen Sprache von den ältesten Zeiten bis ins XIV. Jahrh. Lpz. 1789. 8.

J. Chr. Adelung Magazin für die deutsche Sprache. T. I. II. Lpz. 1783—85. 8.

J. D. Gräter Bragur ein litterärisches Magazin der Deutschen und nordischen Vorzeit T. I—III. und: Bragur u. Hermode T. I—IV. Lpz. 1791—1802. 8.

* * *

Fr. Junii Gothicum glossarium Dordr. 1664. auct. et illustr. per Ge. Stiernhielm. Holm 1670. 4.

Ed. Lye dictionarium Saxonico- et Gothico-Latinum. Grammaticam utriusque linguae etc. praemisit O. Manning. Lond. 1772. T. I. II. F.

Mösogothische Sprachlehre und Glossar von F. K. Fulda verbessert von J. Chr. Zahn und W. F. H. Reinwald, in Ulphilas Gothische Bibelübersetzung herausgegeben von J. Chr. Zahn. Weissenf. 1805. 4. T. II.

T. D. Wiarda Geschichte der ausgestorbenen alten Friesischen oder Sächsischen Sprache. Bremen 1784. 8.

T. D. Wiarda Alt-Friesisches Wörterbuch. Bremen 1786 8.

GOTHISCH s. Germanisch.

GRANTHAMISCH s. Sanscritt.

GRAUBÜNDTEN s. Romanisch.

GRIECHISCH. GRAECI.

Die durch ihren herrlichen Bau und schriftstellerische Ausbildung ewig merkwürdige Griechische Sprache geht von Stämmen im südöstlichen Thessalien aus, welche verbunden den Namen: Hellenen, erhalten, und durch ihre Eroberungen, besonders die der Dorer, über ganz Griechenland verbreitet haben. Mischungen mit den übrigen, zum

Quam artificiosa indoles, scriptorumque ingenia in generis humani decus extulerunt, lingua Graeciae, quantum quidem novimus, primordia cepit a tribubus Phthioticis, quae junctae Hellenum nomen commune tenuere, et terris, quam Graeciam vocamus, indidere. Mixtis aliis harum regionum incolis partim antiquioribus, qui va-

Theil älteren, unter dem Einflufs Aegyptisch-Phönicischer Colonien gestandenen Bewohnern des Landes mit dem unbestimmten Namen: Pelasger, genannt, zum Theil selbst Zweigen eines ursprünglich Sprach- verwandten Stammes, Freyheit und Einheit der Hellenen, selbst die Mittel zur Erhaltung der letzteren, Höhe und Fülle des Geistes und Gemüths der Nation sind die Ursachen der Gestalt ihrer Sprache, wie sie in dem Jonischen, Aeolisch-Dorischen und Attischen Dialekte derselben erscheint, neben blofsen Volks-Mundarten und Veränderungen der Sprache seit dem Verfall der Griechischen Staaten, wozu der Alexandrinische oder sogenannte Hellenistische Dialekt gehöret.

go nomine Pelasgorum comprehenduntur, et inter quos illuc antiquitus deductae Aegyptiorum Phoenicumque coloniae fuerant; et libertas Hellenum, et, in quam coaluere societas, ipsa ejus conservandae adjumenta, et ingenii animique ubertas et sublimitas eam vim habuerunt, ut tam admirabilis linguae conformatio in tot Jonicae, Aeolicae, Doricae et Atticae dialecti scriptoribus cernatur; quanquam et aliae incultae dialecti fuere. Post Graeciae rerum publicarum eversionem lingua Graeca communis extitit ea forma, quae Macedonica, Alexandrina s. Hellenistica dialectus dicitur.

Lexic.

Jul. Pollucis onomasticon ed. J. H. Lederlinus et T. Hemsterhusius Amst. 1706. F.

Suidae lexicon c. L. Küsteri T. I—III. Cantabr. 1705. F.

Etymologicum magnum c. F. Sylburgii Heidelb. 1594. F.

Hesychii lexicon Graecum c. J. Alberti. T. I. II. L. B. 1746. F.

J. Zonarae et Photii lexica Graeca ex codd. mscr. primum edita, illustrata, indicibus instructa T. I. II. Zonarae lex. ed. J. A. H. Tittmann, T. III. Photii lex. ed. G. Hermann. Lips. 1808 8.

H. Stephani thesaurus Graecae linguae T. I—IV. c. append. Gen. 1572. F.

J. Scapulae lexicon Graeco-Latinum Bas. 1579. 1665. F.

Scot appendix ad thesaurum Graecae linguae H. Stephani et lexica Constantini et Scapulae T. I. II. Lond. 1745. F.

J. D. Lennep etymologicum linguae Graecae ed. E. Scheidius P. I. II. Ultraj. 1790. 8.

J. G. Schneider kritisches Griechisch-Deutsches Wörterbuch. Jen. u. Leipz. 1805. T. I. II. 4.

C. du Fresne glossarium ad scriptores mediae et infimae Graecitatis T. I. II. Lugd. 1688. F.

G r a m m a t.

Theodor. Gazae grammaticae institutionis l. IV. Ven. 1495. F.

Constant. Lascaris de VIII partibus orationis l. III. Gr. et Lat. Ven 1512. 4.

Fr. Vigerus de Graecae dictionis idiotismis. Par. 1544. ed. Hoogeveen 1742. Zeune 1777. Herrmann.

N. Clenardi institutiones linguae Graecae c. sch. P. Antesignani Col. 1553.

J. Welleri grammatica Graeca Amst. 1696. c. J. F. Fischeri L. 1756. 8. J. F. Fischeri animadversionum ad J. Welleri grammat. Gr. spec. I—III. L. 1798—1801. 8.

Ph. Cattieri gazophylacium Graecum c. F. L. Abresch. Ultraj. 1757.

Θεοδώρȣ γραμματικὴ εἰςαγωγὴ σ. ὑπομνημ. Νεοφύτȣ Βȣκȣρεσ. 1768. 4.

Ph. Buttmann Griechische Grammatik. Berl. 1792 1810. 8.

G. Herrmann de emendanda Grammatica Graeca. P. I. L. 1801. 8.

A. Matthiae ausführliche Grammatik der Griech. Sprache. L. 1807. 8.

Dialect

Greg. Corinthus de dialectis ed. G. Koen L. B. 1776. 8.

M. Maittaire Graecae linguae dialecti Hag. 1738. c. F. G. Sturz L. 1807. 8.

Aem. Porti dictionarium Doricum et Jonicum Frcft. 1603. 8.

Phrynichi eclogae nominum et verborum Atticorum Gr. et Lat. ed. J. C. de Pauw Ultraj. 1739. 4.

Moeris Atticista ed. Pierson Lond. 1759. 8.

Harpocrationis lexicon X oratorum Graecorum c. H. Valesii L. B. 1683. J. Gronovii L. B. 1696. 4.

Thomae Magistri eclogae vocum Atticarum c. Blancard et Bos L. B. 1698. Bernard L. B. 1757. 8.

F. G. Sturz de dialecto Alexandrina. Lips. 1786—94.

GRÖNLÄNDISCH.

Die Sprache der Bewohner des nordöstlichsten Amerika, von welcher Dialekte auf der Küste an der Hudsons Bay und auf der Küste Labrador geredet werden, ist merkwürdig durch die außerordentliche Menge der Formen der Verben und ihren künstlichen Bau, und merkwürdig durch ihre nahe Verwandtschaft mit den Sprachen des weit entfernten nordwestlichsten Amerika, die selbst bis ins Land

Ad linguam hominum, qui oras Americae septentrionalis, qua maxime orientem spectat, littus orientale sinus Hudsonis et Labrador incolunt, attentus animus miratur innumeras fere flexiones artificiosamque conformationem verborum, miratur propinquam ejus cognationem cum linguis remotissimae orae occidentalis ejusdem Americae septentrionalis ipsorumque Tschuktschorum, qui in

der Tschuktschen in Asien reichen. Man pflegt diese so wie in der Sprache auch im Körperbau sich sehr ähnliche dem Nord-Pol nahe Menschenart den Eskimo-Stamm zu nennen, zu dem auch Tschugazzen, Konagen und die sesshaften Tschuktschen gehören, s. diese Völker.

Asiae illi proxima parte sedent. Solent hi populi et lingua et corporis habitu valde similes Eskimo, Esquimaux vocari ad quos etiam Konaegi, Tschugazzi, pertinent, quos vide.

M. Wöldike meletema de linguae Grönlandicae origine ejusque a ceteris linguis differentia v. Semestr. Soc. Hafn. 1746. P. II. p. 137 sqq.

Lexic.

J. Anderson Nachrichten von Island, Grönland und der Stralse Davis. Hamb. 1746. p. 285 sqq.

P. Egede dictionarium Grönlandico-Danico-Latinum Hafn. 1750. 8.

Grammat.

P. Egede grammatica Grönlandica Danico-Latina. Hafn. 1760. 8.

D. Crantz Historie von Grönland. Barb. 1770. p. 277. sqq.

Thorhallesen schema verbi Grönlandici Hafn. 1776.

O. Fabricius forsög til en forbedret Grönlandsk grammatik Kiobenh. 1791. 8.

Mithridates T. III. P. III. S. V.

Dialect

der Eskimo auf Labrador u. an der Hudsons Bay.

in littore Labrador et sinus Hudsonis.

A. Dobbs account of the countries adjoining to Hudson's Bay. Lond. 1744. 4. p. 203 sqq.

Mithridates l. c. Vocab., grammat. observat.

GRUSIEN s. Georgien.

GUAICUR s. Mbaya.

GUANCHEN.

Die in den Canarischen Inseln vorgefundenen Einwohner, deren Sprache sich in die Dialekte von Canaria, Teneriffa, Lanzerota, Gomera theilt, und Ähnlichkeit mit der der Berber zeigt.

In insulis Canaricis inventorum incolarum lingua in dialectos Canariae, Teneriffae, Lanzerottae, Gomerae divisa erat, habetque vocabula Berbericis similia.

Wörter s. in *Vocabula*

G. Glas history of the Canary-Islands 1764. 4. p. 174 sqq. übers. Lpz. 1777. p. 184 sqq.

Bory de S. Vincent Geschichte und Beschreibung der Canarischen Inseln. übers. Weim. 1804. p. 54 sqq.

Mithridates T. III. P. I. p. 60.

GUARANY.

Ein über das östliche Süd-Amerika weit verbreiteter Sprachstamm, von welchem die Brasilische, so wie die Sprache der eigentlichen Guarany im Südosten von Brasilien, Zweige sind.

Super Americae meridionalis partem orientalem late diffusae linguae propagines sunt et Brasilica et quae proprie Guaranica dicitur Brasiliae et a meridie et ab occidente dominans.

Wörter s. in *Vocabula*

Hervas vocab. poligl. p. 163 sqq.

Gilij saggio di storia Americana. T. III. p. 357. sqq.

Mithridates T. III. P. II. p. 458 sq.

Lexic.

A. Ruiz de Montoya tesoro de la lengua Guarani, que se usu en el Peru, Paraguay y Rio de la Plata. Madr. 1639. 4.

A. Ruiz de Montoya arte y vocabulario de la lengua Guarani. Mad. 1640. 4.

Grammat.

Gilij l. c. p. 249 sqq.

Mithridates l. c. p. 431 sqq.

GUIPUSCOA s. Baskisch.

GUZURATE, GURJARA.

Die Sprache des nordwestlichsten Theils der Halbinsel jenseits des Ganges, mit Inbegriff der Inseln Bombay, Elephante und Salsette, welche beyde durch die ältesten und kunstreichsten Tempelbaue der Hindus merkwürdig sind, so wie auch des ehemaligen Candesh und Malva, ist dem Hindi sehr ähnlich.

Pars septentrionali-occidentalis peninsulae Indicae cis Gangem, insulae Bombay, Elephante et Salsette magnificis antiquorum templorum monumentis insignes, terrae Candesh et Malva lingua utuntur Hindostanicae vulgari simillima.

Wörter — *Vocabula*

s. in

(J. F. Fritz u. B. Schulz) orientalischer und occidentalischer Sprachmeister. (Leipz. 1748. 8.) p. 211.

Hervas vocabol. poligl. p. 229 sq.

Grammat.

Drummond Guzerattee grammar 1801. F.

H.

HABESCH s. Aethiop.

HAIKAN s. Armen.

HAITI.

Der alte Name der Insel Domingo in Amerika; Wörter der Sprache ihrer ausgerotteten Bewohner s.

Vetus nomen insulae Domingo s. Hispaniolae in America. Vocabula incolarum exstirpatorum v.

in

Gilij Saggio di storia Americana. T. III. p. 220 sqq

HAVASA

in der Provinz Tigre in Abessynien.

Urbs et regio provinciae Tigre in Abessynia.

Wörter *Vocabula*

s. in

Mithridates T. III. P. I. p. 120 sq.

HEBRÄISCH. HEBRAEI.

Die alte Sprache Palästinas, am nächsten mit der Phönicischen, nahe mit den übrigen Zweigen des Semitischen Stammes verwandt, mit der Zerstörung des Jüdischen Reichs durch Nebukadnezar nach und nach ausgestorben, aber erhalten im alten Testament, und zu dessen Erklärung vielfach bearbeitet.

Antiqua Palaestinae lingua artissimo cum Phoenicum lingua, arto vinculo cum reliquis Semiticae stirpis propaginibus conjuncta, post primam Hierosolymorum eversionem emortua, sed in bibliis servata eorumque in usum assiduo studio illustrata.

V.

J. Simonis introductio grammatico-critica in linguam Hebraeam, qua de linguae illius appellatione, origine et antiquitate, fatis et subsidiis disseritur. Hal. 1753. 8.

J. D. Michaelis Beurtheilung der Mittel, welche man anwendet, die ausgestorbene Hebräische Sprache zu verstehen Gott. 1757. 8.

W. F. Hezel Geschichte der Hebräischen Sprache und Litteratur. Hall. 1776. 8.

J. Chr. Wolfii historia lexieorum Hebraicorum Viteb. 1705. 8. (u. Biblioth. Hebr. T. II. p. 546 sqq.)

G. W. Meyer Hermeneutik des A. T. T. I. p. 448. 500 sqq.

Lexic.

Alb. Schultensii origines Hebraicae Franeq. 1724. 1761. 4.

J. D. Michaelis Supplementa ad lexica Hebraica P. I— VI. Gott. 1784—92. 4.

* * *

J. Pagnini thesaurus linguae sanctae Lugd. 1526. 4. Antv. 1578. 8.

Jo. Buxtorf lexicon Hebraico-Chaldaicum. Bas. 1607—1663. F.

Lexicon et commentarius sermonis Hebraici et Chaldaici post J. Cocceji curas digestus, locupletatus, emendatus a J. C. F. Schulz T. I. II. 1777. Hal. 1793. 95. 8.

J. Simonis lexicon manuale Hebraicum T. I, II. Hal. 1756. ed. J. G. Eichhorn Hal. 1793. 8.

P. C. Moser lexicon manuale Hebraicum et Chald. Ulm 1795. 8.

W. Gesenius Hebräisch-Deutsches Handwörterbuch über die Schriften des A. T. mit Einschlufs der geographischen Namen und der Chaldäischen Wörter beim Daniel und Esra. Lpz. 1810—12. T. I. II. 8.

G r a m m a t.

J. Buxtorfii thesaurus grammaticus linguae S. Hebr. Bas. 1617. 8.

S. Glassii philologia sacra Jen. 1623. 1713. 4. Lips. 1776. 8.

J. A. Danzii litterator Ebraeo-Chaldaicus Jen. 1694. 1755. 8.

Alb. Schultensii institutiones ad fundamenta linguae Hebraicae L. B. 1737. 4.

J. J. Rau Anfangsgründe der Hebr. Sprache. Königsb. 1738. D. G. D. Kypke ebds. 1749 8.

J. D. Michaelis Hebräische Grammatik. Hall. 1778. 8.

N. G. Schröderi institutiones ad fundamenti ling. Hebr. Grön. 1766. Ulm 1785. 8.

W. F. Hezel ausführl. Hebr. Sprachlehre. Hall. 1777. 8.

G. C. Storrii observationes ad analogiam et syntaxin Hebr. pertinentes Tub. 1779. 1805. 8.

J. S. Vater Hebräische Sprachlehre Lpz. 1797. 1814. 8. Curs. I. II. Lpz. 1807.

J. M. Hartmann Anfangsgründe der Hebr. Spr. Marb. 1798. 8.

J. Jahn grammatica linguae Hebraicae. Vienn. 1809. 8.

W. Gesenius Hebräisches Elementar-Buch. T. I. Sprachlehre Hall. 1813.

HELLENISCHER SPRACHSTAMM
s. Griechisch.

HETRURIA s. Etrur.

HINDOSTANISCH. HINDI.

Hindostanisch als allgemeine Sprache des eigentlichen Hindostan hat demnach eine unbestimmte Bedeutung. Man muſs das jetzt eigentlich so genannte Hindostani, d. i. die gebildete Umgangssprache von Hindostan und Decan (worin Gilchrist's Schriften) zunächst verwandt mit Sanscritt und Pracrit (mit welchem letztern es verwechselt worden) wohl unterscheiden 1) von der auch alten Volkssprache Hindostans, welche eben so gröſstentheils Sanscritt-Wurzeln, aber mit noch weniger Flexionen hat, und bestimmter Hindi heiſst; noch mehr aber 2) von der seit der Herrschaft des groſsen Moguls und auch jetzt noch unter den dortigen Europäern und ihren eingebornen Dienern verbreiteten Jargon, der die Sanscritt-Wurzeln des Hindi mit manchen Persischen und Arabischen vermischt enthält (und die beyden Grammatiken der Missionäre aber mit verschiedenen Flexionen unter dem Namen Indostanisch darstellen). Er heiſst auch Moors oder Mohrisch,

Hindostanica lingua indefinite communis Indiae propriae sermo significatur. Sed probe distinguenda est Hindostanica proprie sic dicta h. e. lingua, qua cultiores Indiae cisgangetanae et peninsulae Decan incolae in vita communi utuntur (in qua Gilchristii libri scripti sunt) inprimis cognata Samscredamicae, ejusque filiae Pracrit (cujus nomen interdum gerit) cum ab inculto vetere populi Indici sermone, qui in creberrimo vocabulorum Samscredamicorum usu paucis eorum flexionibus utitur, definitiusque Hindi vocatur; tum a barbaro idiomate regni Indico-Mongolici, etiamnum ibi inter Europaeos eorumque indigenas servos propagato, quod plurimis vocabulis Samscredamicis ex illo Hindi assumptis, Persica et Arabica admiscuit (cujusque grammaticae sunt a missionariis sub titulo Hindostanicarum editae). Idem Moors s. Mohrisch vocatur, ejusque dialecti differunt pro modo illius mixtionis, pronuncia-

und ist in verschiedenen Gegenden vielfach dialektisch verschieden, nach dem Maſse jener Mischung und der örtlichen Aussprache, selbst in ihren wenigen Flexionen.

tionis singulorum locorum, et flexionum, quas paucissimas habet.

Wörter *Vocabula*

s. in

Vocabular. Catharinae. N. 167. 168. 169.

F. C. Alter über die Samskidamische Sprache. Wien 1799.

Hervas vocab. poligl. p. 164 sqq.

Lexic.

J. Borthwick Gilchrist English and Hindostanee dictionary Calcutt. 4.

Grammat.

J. Borthwick Gilchrist British Indian Monitor or the Anti-Jargonist (a short introduction to the Hindustanee language, vulgary but erroneous called the Moors), Strangers East-Indian Guide to the Hindostanee, and Oriental linguist to easy and familiar introduction to the Hindustan or grand popular language of Hindustan T. I. II. 8.

Shakespeare Hindustani grammar. 4.

B. Schulz, missionarii, grammatica Hindostanica. Hal. 1745. 4.

Grammatica Indostanica p. Patres missionarios no imperio do gran Mogol Rom. 1778. 8.

Hadley grammar of the corrupt dialect of the Jargon of Hindostan, commonly called: Moors with a vocabulary, English and Moors, Moors and English. 8.

HISPANIA s. Spanisch.

HOCHELAGA.

In Nord-Amerika, ehemals an den Wasserfällen des S. Lorenz-Flusses, wo jetzt Montreal. Die Sprache welche von den Wasserfällen so genannt ward, gehört zum Mohawk-Sprachstamme.

Ad cataractas fluminis S. Laurentii ubi nunc urbs Montreal. Lingua sub hoc nomine notata pertinet ad familiam Mohawk.

Wörter — *Vocabula*

s. in

Hackhuyt collect. of voyages Lond. 1599. T. II. p. 231.

Ramusio navigationi et viaggi (Ven. 1606.) T. III. p. 385.

De Laet novus orbis p. 42.

HOCHLÄNDISCH s. Galisch.

HOLLÄNDISCH.

Die Sprache der nördlichen seit dem Ende des XVI. Jahrhunderts vereinigten Niederlande, ein Zweig des Germanischen Stammes, welcher die Spuren der Vermischung des Altfriesischen, Niedersächsischen und Fränkischen an sich trägt. Vergleichung dieser Sprache aus verschiedenen Zeitaltern enthält

Lingua VII provinciarum Belgii inde ab extremo saec. XVI foederati, propago linguarum Germanicae stirpis, mixtis Francorum, Frisiae veteris, Saxoniaeque inferioris dialectis conformata. Specimina ejus e diversis saeculis exhibet

Abr. Mylii lingua Belgica (L. B. 1612. 4.) p. 150 sqq.

Lexic.

M. Kramer nieuw Woordenboek der Nederlandsche

and Hoogduitsche Taal Nürnberg 1719. F. v. A. A. van Moerbeck Lpz. 1768. 1787. T. I. II. 4.

O. R. F. W. Winkelmann dictionaire François-Hollandois et Hollandois-François. Utr. 1783. T. I. II. 8.

P. Weiland Nederduitsche taalkundige Woordenboek. Amsterd. 1802. 8.

Grammat.

L. ten Kate Aenleiding tot de Kennisse van het verhevene Deel der Nederduitsche Sprake Amst. 1723. T. I. II. 4.

P. L. S. Müller Anleitung zur Holländischen Sprache nebst e. kl. Wörterbuche von J. E. Stahlmann. Erl. 1785. 8.

A. A. van Moerbeck neue Holländische Sprachlehre. Lpz. 179 . 8.

Zeydelaar Nederduitsche Spraakkonst. Amsterd. 1791. 8.

L. van Bolhuis beknopte Nederduitsche Spraakkonst. Leid. 1793. 8.

HOTTENTOTTEN.

Die ursprünglichen Bewohner der Südspitze von Afrika, dahin hinabgedrängt, wie die Hottentottischen Namen der Flüsse in dem über ihnen liegenden Kafferlande beweisen. Ihre Sprache zeichnet sich durch auffallende Kehltöne und ein ganz eigenthümliches Schnalzen mit der Zunge aus. Am genauesten ist lexicalisch und grammatisch die Sprache des Stammes

Indigenae Africae, qua maxime meridiem spectat, illuc detrusi, quod Hottentottica fluviorum Cafricorum nomina demonstrant. Lingua sonis, qui modo plane singulari vel e gutture eliciuntur vel lingua palatum pulsitante proferuntur, a reliquis omnibus abhorret. Inprimis nunc cognita est dialectus tribus Corana inter XXV et XXIX° l. m, et praeter

Corana bekannt, die zwischen dem 25. und 29° S. Br. wohnen, und demnächst auch die der sogenannten Buschmänner oder Bosjesman, deren wahres Vaterland zwischen dem Oranjerivier und dem Gebirge ist, das sich von Roggeveld durch die Schneegebirge nach Osten zieht.

eam Bosjesmanica, cujus patria est regio inter fluvium Oranjerivier et montium tractum, qui inde a Roggeveld per montes nivales orientem versus vergit.

V.

H. Lichtenstein Reisen im südlichen Africa T. II. Berl. 1812. Anh. über die Sprache der wilden Hottentotten-Stämme, insonderheit der Koranen und Buschmänner.

H. Lichtenstein Bemerkungen über die Sprachen der Südafrikanischen wilden Völkerstämme, nebst einem Wörterverzeichnisse aus den gebräuchlichsten Dialekten der Hottentotten und Kaffern, in: Bertuch und Vater allgemein. Archiv für Ethnographie und Linguistik. Weim. 1808. T. I. p. 259.

Andere Wörterverzeichnisse *Alias vocabulorum collectiones*

s. in

Th. Herbert travels into divers parts of Asia and Africa Lond. 1638. F. p. 19.

De Flacourt dictionaire de la langue de Madagascar avec quelques mots de la baye de Saldagne au Cap de bonne Esperance. Par. 1658. 8.

Ch. Junkeri commentatio de vita et scriptis J. Ludolphi Fr. et Lips. 1710. 8. Append. II.

P. Kolbe caput bonae spei d. i. vollständige Beschreibung des Africanischen Vorgebirges der guten Hoffnung Nürnb. 1719. F. Holländ. übers. Beschryving etc. Amst. 1727. F. T. I. p. 429 sqq.

All-

Allgemeine Historie der Reisen T. V. p. 149 sq.

A. Sparrman resa til goda Hopps-Udden Stockh. 1782. 8 p. 761 sqq. übers. Berl. 1784. p. 618 sqq.

C. P. Thunberg resa uti Europa, Africa, Asia Upsal. 1789 — 93. 8. übers. Berl. 1792. 8. T. I. P. II. p. 62 sqq.

Le Vaillant premier voyage dans l'intérieur de l'Afrique. übers. Berl. 1790. p. 288 sqq.

J. Barrow account of travels into the interior of southern Africa 1797. 1798. T. I. II Lond. 1801. 1804. 4. übers. Lpz. 1801. 1805. 8. T. I. p. 2·2 sq.

S. E. Ehrmann Geschichte der merkwürdigsten Reisen. T. XVII. p. 84 sqq.

Hervas vocab. poligl. p. 234 sqq.

Mithridates T. III. P. I. p. 304 sq.

HUASTECA.

Eine von dem Mexicanischen Reiche unabhängige Völkerschaft im Norden von Mexico und dem jetzigen Veracrux.

Populus Americae mediae ab imperio Mexicano non dependens, ejusque a septentrione.

Lexic. Grammat.

C. de Tapia Zenteno notitia de la lengua Huasteca con cathecismo y doctrina Christiana. Mexico 1767. 4. p. 1 sqq. 48 sqq.

Mithridates T. III. P. III. Mittel-America III. 4.

HUNGARIA s. Magyar.

HURON.

Ein ehemals in Canada sehr verbreitetes Volk, welches zum Stamme der Mohawk-Sprachen gehört, und

Populus Canadae quondam late patens, cujus lingua ad stirpem Mohawk pertinuit, et inprimis

der Sprache nach besonders mit dem Zweige desselben den Wyandot verwandt ist.

dialecto tribus Wyandot cognata est.

Lexic. Grammat.

G. Sayard grand voyage du pays des Hurons. Par. 1631. 8.

La Hontan memoires de l'Amerique septentrionale avec un petit dictionaire de la langue du pais Amst. 1705. T. II.

Mithridates T. III. P. III. S. III. D.

I.

JAKUT.

In Sibirien an der niedern Lena bis zu ihrem Ausfluſs. Die Sprache gehört zum Tatarischen Stamme, ist aber mit Mongolischem und Tungusischem gemischt.

In Sibiria ad flumen Lena inferius usque ad ejus ostia. Lingua ad Tataricas pertinet, sed vocabulis Mongolicis et Tungusicis mixta est.

Wörter. *Vocabula.*

s. in

N. Witsen noord- en oost Tatarije T. II. p. 677.

Vocabular. Catharin. N. 106.

J. Billing Reise h. v. Sauer p. 387. Russisch h. v. Saritscheff p. 93 sqq.

JALLONKA, JALUNKAN.

Negern im Lande Jallonkadoo und der Stadt Manna, unfern dem eigentlichen Vaterlande der Mandingo, mit

Nigri Africanae terrae Jallonkadoo et urbis Manna, haud procul a propria patria gentis Mandingo, deren Sprache die der Jallonka verwandt ist. *cujus linguae Jallonkica similis est.*

Wörter *Vocabula*

s. in

C. G. A. Oldendorp Geschichte der Mission T. I. p. 346.

Mungo-Park Reisen im Innern von Afrika. übers. Hamb. p. 395. Berl. p. 301 sq.

JALOFF.

Neger-Volk zwischen dem Senegal, Félémé, Gambia und dem Ocean. *Nigri inter flumina Senegal, Feleme, Gambia et mare Atlanticum.*

Wörter *Vocabula*

s. in

J. Barbot descript. d. Guin. p. 416 sqq. Engl. trad. p. 413 sqq.

Allgem. Histor. d. Reis. T. III. p. 222 sqq.

Description de la Nigritie. Amst. 1789.

De Verdun de la Crenne voyage Par. 1779. T. I. p. 180.

Golberry voyage en Afrique. T. I. p. 103.

Mithridates T. III. P. III. p. 158 sq.

JAPAN. JAPONIA.

Das grosse Insel-Reich im Osten von China. *Magna insula imperii Sinensis ab oriente.*

v.

C. P. Thunberg observationes in linguam Japonicam in Nov. Act. Upsal. T. V. 1792. p. 258 sqq.

Wörter *Vocabula*

s. in

H. Relandi dissertat. miscell. T. III. p. 103 sqq.

G. Meister oriental. Kunst- und Lust-Gärtner. Dresd. 1692. 4. p. 185 sqq.

Vocabul. Cathar. N. 161.

Hervas vocab. poligl. p. 163 sqq.

C. P. Thunberg resa uti Europa, Africa, Asia T. III. p. 296 sqq. übers. v. Groskurt — Epitome: Magazin der Reisen T. VI. p. 221 sqq.

Lexic.

Dictionarium Latino Lusitanicum ac Japonicum Amacusa 1595. 4.

Ra cu ya xu s. dictionarium Japonicum Nangasacki 1598.

Did Collado dictionarium s. thesaurus Japonicae linguae Rom. 1632. 4.

Grammat.

J. Rodriguez arte breve da lingua Japona. Amacao 1620. 4.

Did. Collado ars grammatica Japonicae linguae Rom. 1632. 4.

M. Oyanguren de S. Ines arte de la lengua Japona, con algunas voces proprias de la escritura y otros de los lenguages de Ximo y del Cami. Mexico 1738. 4.

JAVA.

Auf dieser Ostindischen Insel im Süden von Sumatra und Borneo herrscht (außer einigen andern Sprachen) das eigentliche Javanesische in mehrerley Dialekten, die entweder zu dem Basa-dalam, der höhern Sprache im Innern, welche besonders nahe mit dem Sanscritt verwandt ist, oder zu dem Basa-lúar der gemeinen Sprache an den Küsten gehören, von welchem letzte-

Insula Indiae insularum Sumatra et Borneo a meridie, in qua praeter alias lingua dominatur proprie Javanensis dicta, cujus variae dialecti vel ad Basadalam, dialectum cultiorem interioris insulae cum Samscrdamica cognatam, vel ad Basa-luar, dialectum littoris maritimi pertinent, unde Malaica lingua aliquid traxit.

ren das Malayische vieles angenommen hat.	

s.

Asiatical researches. T. X. p. 189 sqq.

Wörter	*Vocabula*

s. in

De Bry India Oriental. T. V. p. 57.

Histoire de la navigation aux Indes orientales par les Hollandois. Vocabulaire de mots Javans et Malays escrits à Ternati. Amst. 1609. F.

C. van Heemskerk Journal d. voy. Amstd. 1603. F. Appendix,

(Churchill) collection of voyages T. VIII. p. 428.

Begin en Voortgang der Ostind. Compagnie T. II. p. 43 sqq.

H. Relandi dissert. miscellan. T. III. p. 91 sqq.

Verhandelingen van het Bataviaasch Genootschap. Batav. 1780. 8. T. II. p. 292 sqq. J. van Iperen Prove van Hooggemeen en Berg - Javaans taal.

Vocabular. Catharin. N. 184.

Hervas vocabol. poligl. p. 164 sqq.

IBERISCH s. Georgien.

IBO.

Negervolk im innern westlichen Africa.	*Nigri in interiori Africa occidentali.*
Wörter	*Vocabula*

s. in

G. G. A. Oldendorp Geschichte der Mission. p. 346 sq.

Mithridates T. III. P. I. p. 226.

JESSO s. Ainos.

IGUR s. Uigur.

ILLYRISCH s. Servien.

ILOCA.

Völkerschaft auf Luzon, der gröſsten von den Philippinischen oder Manilischen Inseln mit einer eigenen Sprache, die mit dem Tagalischen und Bissayischen verwandt seyn soll.

Gens insulae Luzon, maximae inter Philippicas s. Manilicas, cujus lingua Tagalicae et Bissayicae cognata esse dicitur.

Grammat.

Fr. Lopez arte de la lengua Iloca. Manila 1617. 4.

IMBATZKI.

In Sibirien zu beyden Seiten des Jenisei am linken von der Gegend des obern Ket an, besonders am rechten von der obern Tunguska an, der Abstammung und Sprache nach genau verwandt mit den Pompokolen, die links am Ket wohnen, beide fälschlich: Jeniseische Ostiaken genannt; die Sprache nähert sich in mehreren Wörtern der Kotowzischen.

Populus Sibiriae in utraque ripa fluminis Jenisei, a sinistra inde a fontibus fluminis Ket, maxime in dextra inde a Tungaska superiore, cujus et linguae et stirpis propinqua est cognatio cum Pompocolis, qui in sinistra ripa fluvii Ket degunt. Utrique perperam Ostiaki fluminis Jenisei vocantur. Linguae compluria vocabula similia sunt Kotowzicis.

Wörter beyder s. Vocabular. Catharin. N. 151 u. 152.

Vocabula utrorumque in Vocabular. Catharin. N. 151 u. 152.

IMIRETTE s. Georgien.

INDISCH, INDOSTANISCH s. Hindi, Hindostani.

INGUSCHI.

Stamm der Mizdschegischen oder Kisti-Nation auf dem Caucasus, im Westen und Nordwesten der Lesgier und im Norden von Georgien, jener Stamm insbesondere an den Flüssen Kambalei, Sundsha und Schalgir.

Tribus Mizdschegorum s. Kistorum in Caucaso, populorum Lesgicorum ab occidente, Georgiae a septentrione, quae in vicinia fluviorum Kambalei, Sundsha et Schalgir habitat.

Wörter *Vocabula*

s. in

J. A. Güldenstädt Reisen durch Russland und im Caucasischen Gebirge. T. II. p. 504 sqq.

Vocabular. Catharin. N. 115.

J. v. Klaproth Reise in den Caucasus T. I. c. 28. T. II. Appendix p. 145 sqq.

JONISCH s. Griechen.

IRELAND. IRISCH.

Die Sprache dieser Insel, welche auch Ersisch heifst (von ire, erie: west,) ist eine Tochter der Celtischen. Die Schotten, die sich mit dem VI. Jahrh. in dem heutigen westlichen Schottland fest setzten, gehen von dieser Insel aus, welche gerade in jener Zeit der Völkerwanderung Ruhe, wenigstens von aufsen, und, der Zufluchtsort mancher, durch die Völkerzüge vertriebenen Geistlichen und Mönche,

Hibernia illud nomen a vocabulo ire s. erie i. e. occidens habet, ab eodem lingua nomen Ersicae, Celticae filia. Scoti, qui Scotiam Saec. VI. occuparunt, ex Hibernia venere, illa migrationis gentium aetate ab incursionibus tuta, clericorum monachorumque aliunde pulsorum, et litterarum quasi ipsarum perfugio, quo citius lingua quoque et scripta et culta est.

Liebe für deren Wissenschaften behielt. Auch die Sprache wurde ziemlich früh geschrieben und ausgebildet.

Wörter *Vocabula*

s. in

Vocabular. Catharin. N. 16.
Hervas vocabol. poligl. p. 164 sqq.

Lexic.

M. O Clerigh lexicon Hibernicum praesertim pro vocabulis antiquioribus et obscuris Lovan. 1643. 8.

Ed. Lhuyd archaeologia Brittannica giving some account of the languages, histories and customs of the original inhabitants of Great Britain from travels trough Wales, Cornwall, Bas-Bretagne, Ireland and Scotland Oxf. 1707. F. T. II. p. 41 sqq. a comparative vocabulary of the original languages of Britain and Ireland. T. X. p. 310 sqq. an Irish - English dictionary p. 426. an appendix to the Irish dictionary.

H. Mac-Curtin English-Irish dictionary, and Irish Grammar Par. 1732. 4.

J. O Brien Irish-English dictionary Par. 1768. 4.

Grammat.

F. F. O Molloy grammatica Latino-Hibernica Rom. 1677. 12.

Ch Vallancey grammar of the Iberno-Celtic or Irish language Dubl. 1773. 1781. 4.

IROKESEN. IROQUOIS.

Der ehemalige Name der Völkerschaften des Mohawk - Stammes. Unter demselben s.

Priscum nomen familiae gentium, quam nunc Mohawk appellamus. Sub quo collecta sunt

Wörter	*Vocabula*

in

Long voyages and travels Lond. 1791. 4. übers. Hamb. p. 271 sqq.

ISLAND.

Die Isländische Sprache ist eine Tochter der Sprache Norwegens, von wo aus jene nördlichste Insel Europas ihre Bewohner erhalten hat, unter ihren Scandinavischen Schwestern vorzüglich durch Poesie ausgebildet.	*Lingua insulae hujus Europae occidentali septentrionalis, filia est Norvegicae, qua ex terra illa incolas suscepit, poësi inter sorores inprimis culta.*

Wörter.	*Vocabula.*

s. in

Vocabul. Catharin. N. 38.

Hervas vocabol. poligl. p. 165 sqq.

Lexic.

Lexidion Latino-Islandicum grammaticale Hafn. 1734. 8.

Jus ecclesiasticum vetus 1123 constitutum, c. glossario J. Thorkelin Hafn. 1775. Ejusd. jus eccles. Island. novum c. glossar. 1777. 8.

Kristni-Saga — Orkneyinga Saga - Hervarar Saga — c. indic. voc. Hafn. 1774. 1780. 1785.

Grammat.

G. Hickesii institutiones grammaticae Anglo-Saxonicae et Mösogothicae; acc. grammaticae Islandicae rudimenta R. Jonae cum dictionario Islandico Oxon. 1689. 4.

Epitome grammatices Latino-Islandicae Hafn. 1734. 8.

R. Chr. Rask Vejledning til det Islandske eller gamle Nordiske Sprog, Kjobenh. 1811. 8.

ITALIÄNISCH. ITALIA.

Die heutige Gesammtsprache Italiens (von den ältern s. Etrusc. und Latein) ist eine Tochter des letzteren. Der Verfall der Wissenschaften und die über Italien verbreiteten Germanischen Völker hatten es verändert, und aus je mehreren unabhängigen kleinen Staaten hernach ein großer Theil dieser Halbinsel bestand, eine desto größere Anzahl von Volksmundarten war entstanden, und nicht wenige davon durch komische Dichter mehr oder weniger ausgebildet (von welchen hernach nur diejenigen nördlichen rauheren und südlichen weicheren angeführt werden, über die man Grammatik oder Wörterbuch hat.) Ueber eine schon beginnende gewähltere Sprache hoben große Dichter und der Hof von Florenz die dasige, durch jene ausgebildete Mundart (von der fortdauernden Florentinischen Volkssprache wohl zu unterscheiden) zum Uebergewicht über alle ihre Schwestern empor; sie verbreitete sich über Rom, und so zum Theil unter dem Einflusse der aus

Communis Italiae hodiernae lingua (de antiquae linguis v. Etruscam et Latinam) hujus filia est, in literarum ruina Germanicarumque gentium in Italiam irruptione immutatae. Quot illic postea res publicae, tot fere dialecti extiterunt, quarum haud paucae a comicis poëtis excultae sunt (e quibus eae tantum infra recensebuntur, quarum vel grammatica vel lexicon exstat.) Cum aliquanto iam cultior loquendi usus communior esse coepisset, a celeberrimis poëtis et a principibus Florentinis illa dialectus et exculta et super reliquas populares erecta est, a Florentinae quoque plebis probe distinguenda. Romae usurpata, ducibus praesertim Papis Florentiae oriundis omnium litterarum fautoribus, totius Italiae principatum tenuit.

Florenz gebürtigen, für die Wissenschaften eifrigen Päbste, um so mehr über ganz Italien.

S. Dan'te de vulgari eloquio. Par. 1572. 8.

L. A. Muratori de origine linguae Italicae v. Antiquitates Ital. med. aevi T. II. p. 989 sqq.

Lexic.

Vocabolario degli Academici della Crusca Vened. 1612. F. — Florenz T. I—IV. 4. 1729—35. G. P. Bergantini Supplement. Vened. 1745. 4.

N. de Castelli fontana della Crusca overo dizionario Italiano-Tedesco e Tedesco Italiano Lips. 1700. 4. — ed. Ph. A. Flathe 1782. T. I—IV.

F. Alberti dictionaire François-Italien et Italien-François T. I. II. 1722. — Vened. 1784. Marseille, Nizza 1788.

A. Antonini dictionaire Italien, Latin et François T. I. II. Par. 1743. 4. — Vened. 1761. 4. Lips. 1793. 8.

Chr. J. Jagemann Vocabolario Italiano-Tedesco e Tedesco-Italiano disposto con ordine etimologico T. I. II. Lpz. 1799. 8.

Chr. J. Jagemann dizionario Italiano Tedesco e Tedesco Italiano Lips. 1803. T. I. II. 8.

Grammat.

E. Lapinii institut. ling. Florentinae Flor. 1574. 8.

B. Buommattei della lingua Toscana libri due Veron. 1729 8.

G. Gigli lezioni di lingua Toscana Venez. 1744. 8.

F. Soave grammatica ragionata della lingua Italiana Parm. 1772 — Lpz. 1804. 8.

J. P. Moritz Italienische Sprachlehre. Berl. 1791. 8.

Chr. J. Jagemann Italienische Sprachlehre. Lpz. 1792. 1811. 8.

D. A. Filippi Italienische theoretische und praktische Sprachlehre Nürnb. 1799—1806. 8.

J. G. Conradi vollständiger theoretischer und practischer Unterricht in der Italienischen Sprache T. I—III. Lpz. 1802—1805. 8.

P. J. Flathe neue Italienische Sprachlehre Leipz. 1803. 8.

C. L. Fernow Italienische Sprachlehre T. I. II. 1804. 8.

Dialect.

Ch. Denina clef des langues Berl. 1804. T. II. P. III. art. VIII. X—XII. p. 30 sqq.

C. L. Fernow Römische Studien Zürch 1808. T. III. p. 211 sqq. über die Mundarten der Italienischen Sprache.

* *

*

Hervas vocab. poligl. p. 166 sqq.

M. Pipino vocabolario Piemontese. Tor. 1783. 8.

M. Pipino gramatica Piemontese Tor. 1783. 8.

Varon Milanese della lengua da Milan. Mil. 1606. 1730. 8.

C. Margharini dictionarium Langobardicum Tur. 1670. 8.

G. Brunacci delle antiche origini della lingua volgare de' Padovani Vened. 1759. 4.

Ov. Mont-Alban vindicie del parlar Bolognese e Lombardo Bol. 1653. 4.

Ov. Mont-Alban dialoogia della naturalezza del parlare e specialmente del piu antico e piu vero di Bologna Bol. 1657 4.

G. A. Buinaldi (O. Mont-Alban) vocabolista Bolognese Bol. 1660. 12.

P. Gagliardi vocabolario Bresciano Bresc. 1759. 8.

G. Gigli vocabolario delle opere di S. Caterina e della lingua Sienese v. collez. delle opere di G. Gigli. Sien. 1797. 8. T. II.
G. Castelli delle origini della lingua Napoletana. Nap. 1754. 4.
F. Galiani del dialetto Napolitano, Vocabolario Napolitano Nap. 1789. 12.
A. Antonii Nebrissensis vocabularium Latino-Hispanicum in sermonem Siciliensem versum auct. L. C. Seebar. Ven. 1523.
M. del Bono dizionario Siciliano-Italiano-Latino Palerm. 1751—54. T. I—III. 4.

ITONAMA.

In Süd-Amerika in den Missionen der Provinz los Moxos.

In America meridionali in missionibus provinciae los Moxos.

Einige grammatische Bemerkungen

Aliquot grammaticae observationes

s. in

Hervas Saggio pratico delle lingue p. 92.
Mithridates T. III. P. III. p. 572.

JUDAH v. Widah.

JUKAGIR.

In Sibirien an der Lena und am Eismeer in den nördlichsten Gegenden der Jakuten, mit deren Sprache die ihrige Verwandtschaft hat.

In Sibiria ad Lenam et mare glaciale non procul a sedibus septentrionalibus Jacutarum, quorum cum lingua illorum quoque cognationem habet.

Wörter

Vocabula

s. in

Vocab. Cathar. N. 147.

J. Billing Reise v. M. Sauer p. 387 sqq. v. G. Saritscheff p. 93 sqq.

K.

KABARDA s. Tscherkess.

KABUTSCH s. Dido.

KADJAK.

Insel in Nordwest-Amerika bey der Halbinsel Alaksa. Die Sprache ist sehr nahe verwandt mit denen der Tschugazzi und sesshaften Tschuktschen, und ein Zweig des Eskimo-Stammes.

Insula Americae septentrionali-occidentalis sub peninsula Alacsa sita. Linguae eorum et Tschugazzorum Tschuktschorumque fixis sedibus utentium propinqua est cognatio.

Wörter — *Vocabula*

s. in

J. Billing Reise v. M. Sauer p. 400 sqq. v. G. Saritscheff p. 121 sqq.
Mithridates T. III. P. III. S. V.

KADSHAR s. Tatar.

KAFFER.

Die im Osten von Süd-Afrika weit vom 10—12° S. B. bis gegen die Südspitze verbreitete Nation. Verglichen sind die Dialekte der Koossa und der an der Lagoa-Bay in Osten und der oben angeführten Beet-

Africae meridionalis in parte orientali a X—XII° l. m. versus meridionem propagata natio, cujus tribuum Koossa et Beetjuana et ad sinum Lagoa commorantis cognitae sunt dialecti.

juanen am Flusse Kuruhman.

Wörter	*Vocabula*

s. in

A. Sparrmann Resa til Goda Hopps-Udden. Stockh. 1783. v. p. 761 sqq. übers. p. 623 sqq.

J. Barrow account of travels into the interior of southern Africa T. I. II. Lond. 1801. 1804. übers. Leipz. 1801. 1805. T. I. p. 272 sq.

White journal of a voyage performed from Madras to Colombo and Lagoabay with some account of the inhabitants of Lagoabay. Lond. 1800.

H. Lichtenstein Bemerkungen über die Sprachen der Süd-Afrikanischen wilden Völkerstämme in Bertuch u. Vater ethnographisch linguistischem Archiv T. I. p. 299 (verglichen mit Arabischen) p. 304 sqq.

Mithridates T. III. P. I. p. 288.

Lexic.

H. Lichtenstein Reisen im südlichen Afrika Berl. 1811. 12. 8. T. I. p. 641 sqq. T. II. p. 620 sqq.

Grammat.

H. Lichtenstein l. c. T. I. p. 637 sqq.

KALMUCK.

Die Sprache dieser ehemals mächtigen Nation in Mittel-Asien (auch: Elut, Elöt, eigentlich: Dörbön Oröt: die vier Verbündeten, genannt und von Tibet bis gegen die Wolga verbreitet) ist genau verwandt mit der ihrer nördlichen Nachbarn und Stammverwandten, der Mongolen, und

Populus quondam potens in Asia media, qui Eluti s. Eleuthi, proprie Dörbön Oröt h. e. quatuor foederati vocabantur, atque inde a regno Tibetano usque ad Wolgam sese extendebant. Propinqua et linguae et stirpis cognatio iis est cum vicinis Mongolis, eorum a septentrione patriam

hat Wörter ihrer nordwestlichen Nachbarn der Tataren in sich aufgenommen.

habentibus, multa tamen ex lingua Tatarorum in occidentalibus eorum finibus commorantium admiscuerunt.

Wörter s. in *Vocabula*

N. Witsen Nord en Oost Tartarye Amst. 1692. F. p. 118 sqq. 297 sqq.

Strahlenberg Nord- und südliches Europa und Asien 1730 p. 137 sqq

Vocabul. Cathar. N. 137.

Falk Beyträge zur topographischen Kenntniſs des Russ. Reichs. Petersb. 1785. 4. p. 575.

Bergmann Streifereien unter den Kalmücken Riga 1804. T. II. append.

KAMASCHINSKI.

In Sibirien im Kolywanschen Gouvernement an den Quellen des Kama. Die Sprache ist mit Samojedischen Mundarten verwandt.

In Sibiriae praefectura Kolywan ad fontes fluminis Kama. Lingua cognata est dialectis Samojedicis.

Wörter s. in *Vocabula*

Vocabul. Cathar. N. 132.

KAMTSCHADKA.

Halbinsel in Nordost-Asien über den Kurilen.

Peninsula Asiae septentrionali-orientalis insularum Kurilicarum a septentrione.

Wörter s. in *Vocabula*

Vocabul. Catharin. N. 158. 159. 160.

Jour-

Iournal historique du voyage de Mr. de Lesseps Par. 1790. T. II. p. 355 sqq.
Billings Reise v. Sauer übers. p. 399 sqq. v. Saritscheff (Russ.) p. 111 sqq.

KANAR *) s. Canar.

KANGA.

Ein an die Fulah und Mandingo gränzendes Negervolk. — *Nigri Africae occidentalis in vicinia populorum Fulah et Mandingo.*

Wörter — *Vocabula*

s. in

C. G. A. Oldendorp Geschichte der Mission d. evang. Br. Barby 1777. T. I. p. 346.
Mithridates T. III. P. I. p. 179.

KANGATSKI s. Tatar.

KARABARI.

Negervolk in West-Afrika, Nachbarn der Ibo. — *Nigri Africae occidentalis vicini populo Ibo.*

Wörter — *Vocabula*

s. in

C. G. A. Oldendorp Geschichte der Mission. p. 346.
Mithridates T. III. P. I. p. 226.

KARABULAK s. Tschetschenz.

KARAIBEN, KARELISCH s. Car *).

KARA KAITAK s. Kasi Kumuk.

---

*) Mehrere, oft mit *K* geschriebene Namen suche man unter *C.*

KARASSINSKI s. Samoied.

KARTUEL s. Georgien.

KARWAR.

Wilde Bergbewohner um die Flüsse Guttaun und Bejool in Ost-Indien zwischen Berar, Orissa und den nördlichen Circars, nicht sehr fern von der Stadt Udgegoor.

Feri incolae montium ad fluvios Guttaun et Bejool inter provincias Indiae Berar, Orissa et Circares septentrionales, haud procul ab urbe Udgegoor.

Wörter *Vocabula*

s. in

Asiatical researches T. VII. p. 90.

KASCHNA s. Afnu.

KASSUBEN s. Polen.

KASI - KUMUK.

Ein Lesgischer Stamm auf dem Caucasus in dem großen Thal, welches der rechte Arm des Flusses Koiszu bildet, dessen Mundart mit Abweichungen auch bey den Kaitak, Karakaitak und in Thabasseran gesprochen wird.

Tribus Lesgica Caucasi in valle dextri brachii fluvii Koiszu, linguae Lesgicae propria dialecto loquens, qua aliquatenus tamen discrepante etiam tribus Kaitak, Karakaitak et provincia Thabasseran utuntur.

Wörter *Vocabula*

s. in

J. A. Güldenstädt Reisen durch Russland und im Caucasischen Gebirge T. II. p. 520 sqq.

Vocabul. Cathar. N. 117.

J. v. Klaproth Archiv für Asiatische Litteratur, Geschichte u. Sprachkunde T. I. p. 75.

J. v. Klaproth Reise in den Caucasus T. II. Appendix p. 75 sqq.

KASSIANTEN, KASSENTI.

Ein weitläufiges Neger-reich in Guinea neben Assianthe.	*Latius patens nigrorum regnum Assianthici a latere in ora Guineae.*
Wörter	*Vocabula*

s. in

C. G. A. Oldendorp Geschichte der Mission T. I. p. 346.

Mithridates T. III. P. I. p. 230.

KATAHBA.

In Nord-Amerika im Osten des Missisippi, südwestliche Nachbarn der Cheerake, im Westen von Carolina.	*In America septentrionali fluminis Missisippi ab oriente, populi Cheerake a meridie et occidente, provinciae Carolinae ab occidente.*
Wörter	*Vocabula*

s. in

B. Smith-Barton new views of the origin of the tribes and nations of America Philad. 1798.

Mithridates T. III. P. III. S. III. C.

KELTEN s. Celten.

KIAYN s. Koloun.

KIKKAPOOS.

Eine zum südlichen Aste des Delaware - Mohegan - Chippeway - Algonkinschen Stammes gehörige Völkerschaft.	*Tribus ad propagines meridionales familiae populorum Delaware, Mohegan, Chippeway, Algonkin pertinens.*

Einige Wörter — *Aliquot vocabula*

s. in

B. Smith - Barton new views of the nat. of Amer. Philad. 1798.

Mithridates. T. III. P. III. S. IV.

KIMBERN s. Kymri.

KINAI.

Um die Bay ihres Namens an der Nordwestküste von Amerika im Westen der Tschugazzi unter dem 59—62° N. Br.

In ora septentrionali-occidentali Americae, Tschugazzorum ab occidente ad sinum Kinai sub LIX—LXII l. b.

Wörter — *Vocabula*

s. in

Dawidoff i Chwostoff puteschеswie w Ameriku (Peterb. 1812.) T. II. App. p. XIII. sqq.

A. J. v. Krusenstern Wörter - Sammlungen. (Petersb. 1813) p. 59 sqq.

Mithridat. T. III. P. III. 3. S. I. 4.

KIRGISEN s. Tatar.

KIRIRI.

In Süd-Amerika im Osten des Paraguay in den zu Brasilien gehörigen Missionen.

In America meridionali, fluminis Paraguay ab oriente in missionibus ad Brasiliam pertinentibus.

Wörter — *Vocabula*

s. in

Hervas vocab. poligl. p. 164 sqq.

KISTI s. Mizdscheg.

KITAI.

S. Vocab. Cathar. N. 162. ist Chinesisch.

KNISTENEAUX v. Chnisteneaux.

KOIBAL.

In Sibirien im Kutzneckischen und Krasnojarschen Gebiete. Ihre Sprache ist mit den Samojedischen und der Tatarischen verwandt.

Sibiriae in dioecesibus Kutzneck et Krasnojar. Lingua accedit et ad Samojedicas et ad Tataricam.

Wörter s. in *Vocabula*

Vocabul. Cathar. N. 133.

KOKOS-INSEL s. Freundschafts-Ins.

KOLUSCHEN.

Ein Volk an der Nord-Westküste von Amerika um den 57° N. B. wo die Russischen Niederlassungen, bis zum Berg Elias anfangen, am Sitka-Meerbusen, der auch Nortfolk-Sund heiſst. Am genauesten ist ihre Sprache durch Russen, an einzelnen Puncten vorher schon durch Englische und Französische Seefahrer bekannt.

Populus Americae septentrionali-occidentalis ſub LVII° l. b. ubi Ruſſorum coloniae incipiunt, usque ad montem Eliae, ad ſinum Sitka, qui et Nortfolk vocatur. Lingua populi maxime per Russos, aliquot locorum iam ante per Anglos et Francogallos cognita est.

Wörter s. in *Vocabula*

Ge. Forster Reisen an der Nord-Westküste von Amerika T. III. Portlok's Reise pag. 142. sqq. Dixon's Reise pag.

E. Marchand voyage autour du monde T. I. pag. 582. sqq.

La Perouse voyage autour du monde. Berl. Uebers. T. I. pag. 339.

Dawidoff i Chwostoff puteschectwie w Ameriku. (Peterb. 1812.) T. II. Append. pag. 1. sqq.

A. I. v. Krusenstern Wörtersammlungen p. 47. sqq.

Wörter und grammatische Bemerkungen

s. in

Mithridates T. III. P. III. 3. S. I. 4.

KONÄGEN.

Der Name der Bewohner von Kadjak und der gegenüberstehenden Küste; s. Kadjak.

Nomen incolarum insulae Kadjak, quam vide, et littoris oppositi.

KOOKIE, Kùki.

In Ost-Indien zwischen Gebirgen im Nordosten der Provinz Chittagong bey dem District Aurungabad. Sie heiſsen auch Lunctas. Die Sprache steht in einem gewissen Verhältniſs zu dem Kukeng in dem benachbarten Arrakan.

In montibus Indiae provinciae Chittagong a septentrione et occidente, haud procul ab Aurungabad. Luncta quoque appellantur. Eorum lingua aliquam similitudinem habet cum lingua Kukeng vicinae regionis Arrakan.

Wörter — *Vocabula*

s. in

Asiatical reſearches T. VII. n. VI. pag. 197. cf. T. X. pag. 231.

KOOSSA s. Kaffer.

KOPTEN s. Copten

KORNISCH s. Kymri.

KORÄKEN.

In Nordost - Asien ober- und unterhalb des Stromes Anadyr und im nördlichsten Theile von Kamtschadka. Ihre Sprache theilt sich in mehrere Dialekte, und besonders der der nomadisirenden ist sehr nahe verwandt mit der Sprache der nomadisirenden Tschuktschen.

In Asia, qua maxime et septentrionem et o ientem spectat, in utraque ripa fluminis Anadyr, Kamtschadkae in septentrione. Lingua in plures dialectos dividitur, quarum qua nomades Koräki utuntur, nomadum Tschukts horum linguae simillima est.

Wörter. *Vocabula.*

s. in

Strahlenberg Historie der Reisen in Russland, Siberien und d. grofs. Tartar. L. 1730. pag. 56. sqq.

Steller Beschreibung von Kamtschatka. (Leipzig 1774) Append. S. 50. sqq.

Vocabular. Catharinae n. 153. 154. 155.

Iournal historique du voyage de Mr. de Lesseps Par. 1790. T. II. pag. 355. sqq.

Billings Reife v. Saritscheff (Russ.) Petersb. 1811 pag. 102. sqq.

KOREA.

Halbinsel westlich von dem südlichen Iapan mit China zusammenhängend und davon abhängig.

Peninsula Iaponiae meridionalis ab occidente, coniuncta cum regno Sinensi ab eoque dependens.

Wörter. *Vocabula.*

s. in

N. Witsen Noord - en Oost - Tatarya. Amst. 1705. F. pag. 52. sq.

Vocab. Catharin. n. 175. Numeral. 183.

Hervas Aritmet. d. Naz. pag. 149.

KOTOWZEN.

In Sibirien am Flusse Kan im Osten des Ienisei, von welchem sie auch Kanski genannt werden. Sie sind der Sprache nach nahe verwandt mit dem ausgestorbenen Stamme der Assanen, verwandt auch mit den ebenfalls ausgestorbenen Arinzen, Arinen, oder Aralen im Krasnojarschen Bezirk am Ienisei.

In Sibiria ad fluvium Kan in ripa orientali fluminis Ienisei: ab illo quoque Kanski vocantur. Lingua prodit eorum cognationem cum mortuis tribubus Assanorum et Arinzorum s. Aralorum in dioecesi Krasnojar ad flumen Ienisei.

Wörter jener beyden *Vocabula utrorumque illorum*

s. in

Vocab. Catharinae n. 149. 150. Arinz. n. 148.

KOLOUN.

In Ost - Indien in den Waldgebirgen zwischen Bengalen, Arrakan, dem eigentlichen Barmah und dem Reiche Munnaypura. Sie heifsen auch Kiayn, und ihre Sprache hat Aehnlichkeit mit dem Barmah.

In saltibus Indiae inter provincias Bengaliam, Arrakan, Barmah et Munnaypura. Appellantur etiam Kiayn, eorumque lingua similitudinem habet cum Barmanica.

Wörter *Vocabula*

s. in

Asiatical researches T. V. pag. 231. cf. T. X. pag 232.

KREPE.

In Südwest - Afrika, das ganze südliche Ufer des

In Africa meridionali-occidentali ad littus ser-

Rio-Volta, und die ganze östliche Umgebung der Sclavenküste führen jenen Namen.

vorum in ripa sinistra fluvii Rio-Volta.

Wörter der Krepeer

s. in

P. E. Isert Reise nach Guinea. Kopenh. 1788. 8. pag. 203. sq.

Mithridates T. III. P. I. pag. 232.

KROAT· s. Croat.

KUBÄTSCHA, Kubitschi.

Eine gewerbfleiſsige Völkerſchaft auf dem Caucasus zur Lesgischen Nation gehörig im Osten der Awarischen Stämme., einen Dialekt der Sprache von Akuscha redend, s. Akuscha.

Tribus Lesgica Avaricarum tribuum ab oriente, dialecto linguae Akuscha utens, quam vide.

KUKI s. Kookie.

KUMÜK, s. Tatar.

KURAH, KURÄLISCH

Im östlichen Caucasus im Süden von Tabasseran, im Westen von Derbend, ein Lesgischer Stamm.

Tribus Lesgica Caucasi orientalis in regione Tabasseran, urbis Derbend ab occidente.

Wörter

Vocabula

s. in

I. v. Klaproth Archiv für Asiat. Litteratur, Geschichte und Sprachkunde T. I. pag. 75.

I. v. Klaproth Reise in d. Caucasus T. II. Append. pag. 72.

KURD.

Das gebirgige Kurdistan liegt im Osten des Tigris auf der Gränze zwischen dem Persischen und Türkischen Reiche; Kurden haben sich aber auch über die angränzenden Länder verbreitet. Die Sprache ist eine nahe Stammverwandte der Persischen, aber rauh und mit wenigen Biegungs-Formen, und zerfällt selbst in mehrere Mundarten, von welchen die ausgebildetere von Amadia in der nachstehenden Grammatik dargestellt ist.

Kurdorum terra sita est Trigridis in oriente inter Persarum et Turcarum imperia, sed Kurdi etiam super vicinas regiones extenduntur. Lingua Persicae consobrina, sed barbara, flexionibus tantum non caret, in plures divisa dialectos, quarum qua Amadiae utuntur, paullo cultior reliquis, grammatica infra notata exprimitur.

Wörter *Vocabula*

s. in

Vocabular. Catharinae n 77.

Hervas vocabol. poligl. pag. 165. sqq.

I. A. Güldenstädt Reisen durch Russland und im Caucasischen Gebirge. T. II. pag. 545. sqq.

Lexic. Grammat.

M. Garzoni grammatica e vocabulario della lingua Kurda. Rom. 1787. 7.

C. G. Anton Unterscheidungszeichen der occidentalischen und orientalischen Sprachen. L. 1792. pag 33.

KURILEN.

Inseln zwischen Kamtscadka und Japan. Die Sprache wenigstens der südlichen, ist nahe verwandt mit der der Aino.

Insulae Kamtschadkam inter et Japoniam Lingua maxime meridionalium et dialectus populi vicini Aino, quem vide, valde similes sunt.

Wörter | *Vocabula*

s. in

Vocabul. Cathar. N. 162.

Ph. I. Strahlenberg Historie der Reisen iu Russland, Siberien und der groſsen Tartarey. L. 1730. pag. 56.

KYMRI, Kimri, Kimbern, Cambri,

Die durch die Angelsachsen nach Wallis, Cornwallis und selbst nach Nieder-Bretagne zurückgedrängten ehemaligen Bewohner von ganz Süd-England, die, dahin aus Belgien gekommen, die dortigen Völker Celtischen Stammes nordwärts getrieben, aber selbst on den Römern unterjocht worden waren, nach deren Entkräftung sie ihre nachmaligen Unterdrücker, die Angel-Sachsen zu Hülfe riefen. Mit den Celtischen Urbewohnern sowohl hier als früher in Belgien gemischt haben sie sich eine eigene Sprache ausgebildet, deren Wörter übrigens zum Theil Germanischen, zum Theil Celtischen, auch Lateinischen Ursprungs sind.

Cambri quondam totius Angliae meridionalis incolae, qui illuc ex Belgio irrumpentes, Celtas septentrionem versus pepulerant, post Romanis subjecti, labente horum imperio ab Anglo-Saxonibus in auxilium accersitis in Cambriam, Cornubiam, Armoricam detrusi sunt. Et in Belgio et in Anglia incolis Celticis mixti videntur, linguamque propriam conformaverunt vocabulorum, quae partim Germanicae partim Celticae, quin et Latinae originis sunt.

Th. Llewelyn historical and critical remarks on the British or Welsh tongue and its connexion with other languages. Lond. 1769. 8.

Wörter *Vocabula*

s. in

E. Lhuyd Archaeologia Britannica T. V. pag. 213.
Vocabular. Catharinae N. 18.
Hervas vocab. poligl. pag. 165. sqq.

L e x i c.

Leges Walliae Hoeli Boni et aliorum Walliae principum c. interpr. Lat., notis et glossario Lond. 1730. F.
I. Davies dictionarium antiquae linguae Britannicae. Lond. 1732. F.
M. Z. Boxhornii origines Gallicae, acc. antiquae linguae Britannicae lexic. Amst. 1654. 4.
Th. Iones. dictionary of Welsh and English. Lond. 1711. 8.
I. Roderik English und Welsh dictionary. Salop. 1725. 8.
Th. Richard antiquae linguae Britannicae thesaurus, being a British or Welsh-English dictionary, to which is prefixed a Welsh grammar. Bristol 1753. 8.

G r a m m a t.

I. Minshaei ductor in linguas Angl. Cambro-Britenn. Belg., German., Gall., Ital., Hispan. Lusitan., Latin., Graec., Hebr., cum illarum harmonia etymologia. Lond. 1617. F.
I. Davies antiquae linguae Britan. s. Cambro-Brit. rudimenta. Lond. 1621. 8.
W. Gambold Welsh grammar. Caermarth 1727. 8.

D i a l e c t

E. Lhuyd Archaeologia Britannica T. VI. pag. 222. sqq. a Cornish grammar. cf. T. III. pag. 279. sqq T. V. pag. 81. sqq.
W. Pryze Archaeologia Corni-Britannica containing a Cornish grammar. and vocabulary Sherburn 1790. 4.
Vocabul. Catharinae N. 19.

L.

LAGOA-BAY s. Kaffer.

LAMPOON.

Volk und Sprache auf Sumatra in Ost-Indien.

Populus insulae Sumatra lingua propria utens.

Wörter

Vocabula

s. in

W. Marsden history of Sumatra. Lond. 1784. 4. pag. 168. übers. Leipz. 1785. pag. 217.

LAMUT. s. Tungus.

LAPPEN, LAPPONES.

An der Nordküste von Europa. Ihre Sprache zerfällt bey der Zertheilung der Stämme und Haufen in viele Dialekte, aber ist in ihrem Baue merkwürdig ausgebildet, und durch denselben mit der Finnischen ziemlich nahe verwandt.

In ora Europae, qua maxime septentrionem spectat. In quot tribus populus, in tot fere dialectos lingua dividitur, sed corformatio artificiosa notatuque dignissima est, et a Fennica haud multum recedit.

Wörter

Vocabula

s. in

Vocab. Catharin. N. 58.

S. Gyarmathi affinitas linguae Hungaricae cum linguis Fennicae originis grammatice demonstrata. Gött. 1799. 8. pag. 1. sqq.

Lexic.

Fiellström dictionarium Sueco-Lapponicum. Stockh. 1738. 8.

K. Leem et G. Sandberg Lexicon Lapponico-Danico-Latin. Hafn. 1768 — 81. T. I. II. 4.

R. Lindahl et Oehrling Lexicon Lapponicum. Stockh. 1780. 4.

Grammat.

Fiellström Schwedisch-Lappische Grammatik. Stockh. 1738. 8.

H. Ganander Lappländische Grammatik. Stockh. 1738. 8.

K. Leem Lappisk Grammatica efter den Dialect, som bruges of Field-Lapperne udi Porsanger-Fiorden. Kiobenh. 1748. 8.

LATEIN.

Die Lateinische Sprache ist aus den Sprachen Celtischer Völker und anderer, zum Theil auch aus Spanien und Illyrien genommener, sogenannter Urbewohner Italiens, südlich von der Tiber, unter dem Einflusse aus Griechenland eingewanderter Colonien, die sich mit den dort getheilten Völkerschaften gemischt hatten, entstanden, und in Latium und besonders zu Rom zu dem Charakter gediehen, welcher die Grundlage sowohl ihrer höhern Umgangs-Sprache (l. classica, urbana) als auch der gemeinen Volksprache (l. vulgaris, rustica) geworden ist. Er-

Lingua Latina primordia duxit e linguis gentium Celticarum aliarumque, quae, partim ex Hispania Illyrioque advectae, Italiae aborigines habebantur. Tiberis a meridie inter tribus illas Graecis mixtas coloniis infantiam, in Latio ac praesertim Romae illam naturam nacta est, quae Romanorum et in lingua vulgari s. rustica, et in classica s. urbana expressa cernebatur. Exculta est hujus gravitas singularis iure dicendo, in quo solo primitus scribi solebat, dein magis magisque inde a saec. III. ante Chr. n. elegantia, Graeco-

stere erhielt unter dem Einflusse ihres früherhin einzigen schriftlichen Gebrauches für Gesetzgebung und Rechtspflege, und hernach wiederum unter dem Einwirken Griechischer Muster auf Construction der Wörter und Ausrundung der Formen seit dem Ende des III. Iahrh. vor Chr., ihre herrliche schriftstellerische Ausbildung. Besonders letztere ward mit den Eroberungen der Römer über viele Länder verbreitet. Theils Gegenwirkung dieser weiten Verbreitung, theils Verfall des Römischen Reichs bewirkten den Verfall seiner Sprache seit dem II. Iahrh. nach Chr., die man mit dem Ueberströmen Germanischer Völker in der Mitte des V. Iahrh. als ganz entartet und halb erstorben betrachten kann, ob sie wohl noch lange als Sprache aller schriftlichen Verhandlungen, und noch jetzt der Gelehrten fortlebt.

rum auctoribus ad imitationem et constructionis formarumque grammaticarum concinnitatis ambitusque adhibitis, ita ut dicendi arte Romani quoque excellerent. Usus linguae, maximeque vulgaris, per totius imperii Romani provincias diffundebatur. Admixtis ibi indigenarum linguae particulis non tam puritas, quam nitor, in imperii litterarumque ruina omnis vigor periit, ita ut inde a II. a. Chr. nato saeculo sensim vel extumescens vel marcescens, Germanicis populis super imperium Romanum inde a saec. V. medio effusis plane degenerata, nec nisi semiviva esset, sed diu in omnibus publicis negotiis, etiamnum in Europae virorum doctorum disquisitionibus servata.

I. Nic. Funccius de origine et pueritia, de adolescentia Latinae linguae inde a bello Punico secundo usque ad Ciceronis aetatem; de virili aetate usque ad Augusti obitum; de imminenti senectute usque ad principatum Hadriani; de vegeta senectute usque ad principatum Honorii Marb. 1723. 1727. 1735. 1736. 1744. 4.

C. Tr. Schönemann System der Diplomatik T. I. pag. 329. sqq.

Lexic.

G. I. Vossii etymologicon linguae Latinae. Amst. 1662. f.

Etymologische Untersuchungen Lateinischer Wörter aus dem Griechischen. Leipzig 1785. 8.

Auctores Latinae linguae M. Terentius Varro, S. Pompejus Festus, Nonius Marcellus etc. in unum redacti corpus, adjectis notis Dion. Gothofredi Genev. 1622. 4.

Rob. Stephani thesaurus linguae Latinae Par. 1545. T. I. — III. cur. Mar. Nizolii 1557. c. annotatt. H. Stephani. Lond. 1754. T. I. — V. f.

Bas. Fabri thesaurus eruditionis scholasticae cur. Stübelii. Lips. 1717. cur. I. M. Gesneri. Lips. 1749. T. I. II. f.

A. Calepini dictionarium VII. linguarum h. e. lexicon Latinum cum interpretatione adjecta curante I. Facciolato et I. B. Galliciolio. Ven. 1778. T. I. II. f.

I. M. Gesneri thesaurus Latinae linguae et eruditionis Romanae. Lips. 1747. T. I—IV. f.

Aeg. Forcellini totius Latinitatis lexicon. Patav. 1771. T. I—IV. f.

I. I. G. Scheller ausführliches Lateinisch - Deutsches und Deutsch - Lateinisches Wörterbuch. Leipz. 1783. T. I. — III. 1804. 1805. T. I. — VII. 8.

I. I. G. Schelleri lexicon Latino - Batavum auctorum classicorum cur. Dav. Ruhnkenio. Lugd. 1799. 4.

* * *

I. F. Noltenii lexicon Latinae linguae antibarbarum Helmst. 1730. f. locuplet. cur. G. I. Wichmann. Berol. 1780. T. I. II. 8.

Car. du Fresne Dom. de Cange glossarium ad scriptores mediae et infimae Latinitatis Par. 1678. 1733 — 1736. T. I. — VI. f.

H. Carpentier glossarium novum ad scriptores medii aevi. Par. 1766. T. I. — IV. f.

(I. C. Adelung) glossarium manuale ad scriptores mediae et infimae aetatis. Hal. 1772 — 1785. T. I. — VI. 8.

Grammat

Grammaticae Latinae auctores antiqui Charisius, Diomedes, Priscianus, Probus, Magno, Paulus diaconus, Phocas, Asper, Donatus, Servius, Sergius, Cledonius, Victorinus, Augustinus, Consentius, Alcuinus, Eutyches, Fronto, Caper, Scaurus, Agroetius, Cassiodorus, Beda, Terentianus, Victorinus, Plotius, Caesius, Bassus, Fortunatianus, Rufinus, Censorinus, Macrobius, incerti, quorum aliquot nunquam antehac editi, reliqui ex mstis codicibus ita augentur et emendantur, ut nunc primum prodire videantur, op. et stud. Hel. Putschii Hanov. 1615. 4.

Iul. Caes. Scaligeri de caussis ling. Lat. L. XIII. Lugd. 1540. 1623. 4.

Fr. Sanctii Minerva s. de caussis Lat. ling. Salam. 1587. c. additam. G. Scioppii et not. Jac. Perizonii. Amst. 1714. 8. c. K. L. Baueri. Lips. 1793. c. Eb. Scheidii Ultraj. 1795. 8.

G. J. Vossii grammatica Latina. Amst. 1635. 8.

E. I. A. Seyfert auf Geschichte und Kritik gegründete Lateinische Grammatik. Brandenb. 1795 — 1802. T. I. — V. 8.

LAUSITZ s. Serben.

LAW.

In Hinter Indien neben Siam im Osten desselben; die Sprache ist mit der von Siam verwandt.

Populus Indiae transgangetanae, lingua Siamicae cognata est,

Wörter *Vocabula*

s. in

Asiatical researches T. X. pag. 258. sqq.

LAYMON.

Im Norden von Californien.

In California septentrionali.

Wörter *Vocabula*

s. in

v. Murr Iournal für Kunst und Litteratur. T. XII. pag. 368 sqq.

v. Murr Nachrichten von verschiedenen Ländern des Spanischen Amerika. Halle 1809. II. T. II. pag. 394. sqq.

LESGI.

Eine Nation des östlichen Caucasus im Osten von Karthli, im Süden der Mizdsheg oder Kisten. Der Mundarten ihrer Stämme sind besonders sechs, die der Akuscha, Andi, Awar, Dido, Kasi-Cumuck, Kura, s. diese Namen.

Quae in orientali Caucasi parte Mizdschegorum s. Kistorum a meridie, Georgiae ab oriente versatur, Lesgica natio in sequentes tribus divisa est: Akuscha, Andi, Awar, Dido, Kasi-Cumuck, Kura, quas vide.

LETTEN. Letti.

Die Lettische Sprache in Lettland, d.i. dem westlichen Liefland, und noch etwas weiter an der Düna hinauf, in Semgalen, Curland, und noch bis zur Curischen Nehrung in Preufsen, gespro-

Linguae Letticae usus per Livoniam occidentalem, Semgalliam, Curoniam etiamque latius ad flumen Dunam et usque ad peninsulam Curonensem patet. Cum vetere Lithuanica

chen, ist der Alt-Litthauischen nahe verwandt, und wie diese zum gröfsten Theile Slawischer, zu einem grofsen Theile Germanischer Abkunft.

propinquam habet cognationem et atque ac haec maxime Slavicae, partim Germanicae originis est.

s.

E. Hennig über den Ursprung und die Verwandtschaften der Lettischen Sprache, im Preufsischen Archiv. Königsberg 1796. pag. 394. sqq. 1797. pag. 35 sqq. 69. sqq. 141 sqq. 314 sqq.

L e x i c.

I. Lange Deutsch-Lettisches und Lettisch-Deutsches Wörterbuch nach den Haupt-Dialecten in Liefland und Kurland. T. I. II. Mitau 1772. 73.

Ph. Ruhig Deutsch-Lettisches und Lettisch-Deutsches Wörterbuch. Mitau 1777. 4.

G r a m m a t.

C. F. Stender vollständige Lettische Grammatik nebst Lexico. Braunschw. 1761. Mit. 1783. 8.

LIEUKIÊU-Inseln.

Zwischen Japan, Formosa und den Philippinen.

Insulae inter Japoniam Formosam et Philippinas.

L e x i c.

I. v. Klaproth Archiv für Asiatische Litteratur, Geschichte und Sprachkunde. T. I. pag. 132 sqq.

LIMOSIN v. Spanisch.

LITHAUISCH, LITHUANIA.

Die ursprüngliche Lithauische Sprache ist eben so,

Vetus Lithuanica lingua, ut soror Lettica, quaeque

wie ihre Schwester die Lettische, in lexicalischer sowohl als in grammatischer Hinsicht zum gröſsten Theil Slawischer, zu einem andern beträchtlichen Theile Germanischer Abkunft, nur nach einem etwas andern Mischungs-Verhältnisse derselben. Von ihr geht sowohl die Mundart im Sshamaitischen und südlichern Groſsherzogthum Litthauen, welche nach dessen Einverleibung in Polen sehr vieles Polnische in sich aufgenommen hat, als das Preuſsisch-Lithauische aus, welches auch manches Polnische und demnächst manches Deutsche bey dessen Einflusse auf den seit der Reformation in der Landessprache gehaltenen Gottesdienst enthält, und da Altpreuſsiche, von dem wenige, aber zum Theil reinere, der gemeinsamen Beschaffenheit dieser verwandten Sprachen nähere, Ueberbleibsel erhalten sind.

pro sua proportione, et vocabulis et flexionibus utitur, maxime e Slavica origine progressis, alteram haud exiguam partem e Germanicis linguis antiquitus traxit. Mater est tum dialecti Schamaiticae, Lithuaniaeque propriae, cujus arta cum Polonia conjunctio multa vocabula Polonica intulit, tum Prussico-Lithuanicae, quae et Polonica et multa praesertim, quae ad religionem pertinent, ex scriptis Germanicis theologorum assumpsit, tum veteris Prussicae, cujus pauca, quae etiamnum extant, monumenta ad communem harum dialectorum formam propius accedere videntur.

Ph. Ruhig Betrachtung der Littauischen Sprache. Königsb. 1745. 8.

M. Praetorii historische Nachricht von der alten Preuſsischen Sprache, s. Acta Borussica Königsberg 1731. T. II. P. I. pag. 55. sqq. p. IV. pag. 534. sqq. P. V. pag. 780. sqq. p. VI. pag. 883. sqq.

Opoczątkach narodu i ięzyka Litewskiego przez Xaw. Bohusza. Warsaw 1808. 8.

Lithau. Wörter *Vocabula Lithuan.*

s. in

Vocabular. Cathar. N. 42.

Lithau. Lexic. u. Grammat.

K. W. Haack Vocabularium Lithuanico-Germanicum. Halle 1730. 8.

Ph. Ruhig Littauisch-Deutsches und Deutsch-Litt. Lexicon nebst einer Grammatik. Königsb. 1747. 8.

Chr. G. Mielcke Littauisch-Deutsches und Deutsch-Litt. Wörterbuch und Anfangsgründe einer Littauischen Sprachlehre. Königsb. 1800. 8.

Schamait. Wörter *Vocabula Samogit*

s. in

Bohusz l. c. p. 119 sqq.

Lexic. Samogit.

C. Szijrwid dictionarium trium linguarum Polon. Lat. Samogit. Wilna 1642. 1713. 8.

Alt-Preufs. Wörter *Vocabula vat. Prussiae.*

s. in

Acta Borussica T. II. P. IV. pag. 540 sqq.

LOANGO.

Neger-Reich in Südwest-Africa unter dem 4 und 5_0 S. Br. Die Sprache von Loango und dem benachbarten Kakongo gehören beyde zum Congo-Sprachstamme.

Nigri Africae meridionali-occidentalis ad 4 et 5° lat. mer. Lingua regnorum Loango, finitimi Kacongo et Congo ex eadem radice ortae sunt.

Wörter. *Vocabula.*

s. in

Proyart histoire de Loango, Kakongo et autres royaumes

d'Afrique Par. 1776. 8. ch. XIX. übers. Leipz. 1777. pag. 150. sqq.

C. G. A. Oldendorp Geschichte der Mission Barb. 1777. T. I. pag. 346.

Grammat. Bermerk. — *Observat. Grammat.*

s. in

Proyart l. c.

Mithridates T. III. pag. 212 sqq.

LULE.

In Süd-Amerika im sogenannten Paraguay unweit des Flusses Vermejo. Die Sprache ist mit der Vilela verwandt.

In America meridionali et quidem in Paraguaria sic dicta, prope fluvium Vermejo. Lingua haec et Vilela cognatae sunt.

Wörter — *Vocabula*

s. in

Hervas vocab. poligl. pag. 163 sqq.

Mithridates T. III. P. II. pag. 516.

Grammat.

A. Machoni. Madrit 1732.

Mithridates l. c. pag. 510.

M.

MACASSAR s. Bugis.

MADAGASCAR, MADECASSER.

Grofse Insel im Osten von Süd-Afrika, getheilt in mehrere Länder, welche aber,

Magna haec insula Africae meridionalis ab oriente in plures regiones di-

abgesehen von den verschiedenen Graden der Einmischung des Arabischen und Malayischen, im Grunde einerley Sprachen reden sollen.	*visa est, quae tamen, quanquam plus minusve immixtis vocabulis vel Arabicae vel Malaicae originis lingua fere eadem uti dicuntur.*
Verzeichnisse von Wörtern v.	*Vocabulorum indices* in

C. van Heemskerk journal of a voyage. Amst. 1603. 4. Append.

Fr. de Houtmann Spraak-ende woordboeck in de Maleysche ende Madagaskarische talen. Amst. 1603. 4.

H. Megiser Beschreibung der mächtigen und weit beberühmten Insel Madagaskar, sonst St. Laurent, nebst Dictionario der Madagaskarischen Sprache. Altenburg 1609 8. 1623. 12.

Th. Herbert travels into divers parts of Asia and Africa. Lond. 1638. f. Pag. 22.

Fr. Cauche relation du voyage a Madagascar, isles adjacentes et coste d'Afrique Par. 1651. 4. pag. 191.

Et. de Flacourt dictionaire de la lan de Madagascar. Par. 1658. 8. s. auch: Allgemeine Historie der Reisen. T. VIII. pag. 595 sqq.

Hadr. Relandi dissertatt. miscellan. Traj. 1706. T. III. pag. 121 sqq.

Madagascar or Rob. Drury journal during his fifteen years captivity Lond. 1728. 1731. pag. 457 sqq.

(Churchill) collection of voyages and travels. Lond. 1732. sqq. T. VIII. pag. 425 sq.

Le Gentil voyage dans les mers de l'Inde. Par. 1782. T. II. pag. 386. 577.

Hervas vocab. poliglott. pag. 164 sqq.

S. Parkinson journal of a voyage to the South-Seas. Lond. 1793. pag 201 sqq.

Rochon voyages à Madagascar et aux Indes orientales Par. 1802. T. II.

Mithridates T. III. pag. 264 sqq.

MAGINDANO.

Insel zunächst im Süden der Philippinischen, zu welchen sie auch ölters gezählt wird.

Insula Philippinarum proxime a meridie, quibus saepe accensetur.

Wörter *Vocabula*

s. in

Th. Forrest voyage to new Guinea and the Moluccas Lond. 1789. 4. Append.

Vocab. Catharinae. N. 188

MAGYAR.

So nennet sich die Nation, welche am Schlusse des IX. Iahrh. Ungarn erobert hat, und ohne ausdrückliche Unterscheidung der übrigen dieses Land bewohnenden Völker) nach einem ähnlich lautenden urspringlichen Namen: Ungarn, genannt wird. Ihre Sprache zeigt, aufser Aehnlichkeiten mit manchen anderen, mit welchen sich die Nation bey ihren Wanderungen aus Nordwest-Asien berührte, ein etwas näheres Verhältnifs zu den Tatarischen, und zu Tschudischen oder damit verwandten Sprachen, zwischen welchen die Nation ehemals gelebt hat.

Hoc nomine se ipse compellat populus, qui saec. IX extremo Hungariam occupavit, et communiter, quanquam non omnino exclusis aliis gentibus hanc terram incolere pergentibus; antiquitus Hungarorum nomen gerit. Lingua eorum similitudinem habet cum linguis complurium populorum, quibuscum ex Asia occidentali-septentrionali usque ad Ungariam progressi commercium habuerunt, tum magis etiam cum Tataricis et Fennica vel huic similibus.

S.

S. Gyarmathi affinitas linguae Hungaricae cum linguis Fennicae originis grammatice demonstrata, nec non vocabularia dialectorum Tataricarum et Slavicarum cum Hungarica comparata Gott. 1799. 8.

Mithridates T. II. pag. 772 sqq.

Wörter *Vocabula*

s. in

Vocabul. Catharin. N. 17.

Hervas Vocabul. poligl. p. 165 sqq.

(Meninski de fatis lingu. oriental. Turc. etc. Vien. 1780 pag. LXXVI.

Lexic.

A. Molnàr dictionarium Latino-Ungaricum. Nürnberg 1604. 1708. 8

Fr. Par. Papai dictionarium - Latino Hungaricum. Leutsch. 1708. 1767. 8.

I. v. Marton Magyar-Nemet es Nemet-Magyar Lexicon. Deutsch-Ungarisches und Ungarisch-Deutsches Wörterbuch. Wien und Presb. 1799. 1804. T. I. II. 4.

Grammat.

A. Molnàr grammatica Hungarica. Han. 1610. Wien 1789. 8.

I. Farkas gründliche und neu verbesserte Ungarische Sprachlehre. Wien 1771. umgearb. von Fr. P. de Kis Szonto Presb. 1796. von I. v. Marton Wien 1805. 8.

G. Kalmar prodromus idiomatis Scythico-Mogorico-Chuno-Avarici s. apparatus criticus ad linguam Hungaricam Presb. 1770. 8.

I. G. Nagy Einleitung in die Ungarische philosophische Grammatik. Wien 1793. 8.

S. Gyarmathi kritische Grammatik der Ungarischen Sprache T. I. II. Clausenb. 1794 8.

P. Beregszàszi Versuch einer Magyarischen Sprachlehre mit einiger Rücksicht auf die Türkische und andere morgenländische Sprachen Erlang. 1797. 8.

I. N. Ravai elaboratior grammatica Hungarica. Pesth. 1805. 8.

Fr. Verseghy neu verfaſste Ungarische Sprachlehre, worin die verschiedenen Mund- und Schreibarten der Magyarischen Sprache angezeigt, und die Regeln aus dem morgenländischen Bau der Sprache hergeleitet werden. Pesth. 1805. 8.

MAIA s. Yucatan.

MAINAS.

Im nördlichen Süd-Amerika im Nordosten des Maranon, an beyden Seiten des Flusses Pastaza, bis zu den Gegenden der Quellen der kleinen Flüsse Nucarai und Chambira.

In parte septentrionali Americae meridionalis, fluminis Amazonum tum a septentrione tum ab oriente, in utraque ripa fluvii Pastaza usque ad fontes rivorum Nucarai et Chambira.

Einige Wörter

Vocabula aliquot.

s. in

Hervas Saggio pratico delle lingue Cesena 1787. pag. 94.

Mithridates T. III. P. II. pag. 592 sq.

MAIPURI.

In Süd-Amerika unter dem 5° N. Br. am Rio negro Maranon und obern Orinoko herumziehend. Ihre Sprache ist die Haupt- oder Grundsprache mehrerer

In America meridionali sub 5° lat. mer. ad flumina Rio negro, Amazonum, Orinoco. Lingua dicitur mater esse dialectorum, quibus finitimi gentes Ava-

Mundarten benachbarter Orinoko Völker: der Avane, Cavere od. Cabres, Guipunave u. s. w.

ne, Cavere s. Cabres, Guinapave, e. a. utuntur.

Wörter u. grammat. Bemerk.

s. in

P. S. Gilij. Saggio di storia Americana T. III. pag. 185 sqq. 375 sqq.

Mithridates T. III. P. II. pag 616 sqq.

MALABAR.

Eigentlich Malay-wàr Provinz auf der Westküste der Halbinsel diesseits des Ganges, und zwar des Landes Dravita zwischen dem 12 u. 13o N. Br. Die Sprache derselben heiſst Támel, welches in Damulisch verändert worden, und ist eine Tochter des Sanskritt, von welchem sie viele Wörter unverändert, andere verdorben in sich enthält, aber auch noch andere von zweifelhaftem Ursprunge. Sie erstreckt sich auch über einen Theil der Küste Coromandel.

Proprie Malay-wár est regio terrae Dravita in ora occidentali peninsulae cisgangetanae sub 12 et 13° lat. mer. Linguae ibi dominantis nomen Támel, unde Damulica appellatur; est filia Samscredamicae, cujus multa vocabula integra, alia mutata continet, alia incertae originis. Pars littoris oppositi, quod Coromandel dicitur, eadem lingua utitur.

Wörter — *Vocabula*

s. in

Vocabul. Catharin. N. 177.

Hervas vocab. poligl. pag. 164 sqq.

I. C. Alter über die Samskredamische Sprache. Wien 1799. 8.

Lexic.

A. de. Provenza vocabulario Tamulico con a significacao Portugueza Ambalacatae 1679.

Grammatica Portugueza hum vocabulario em Portuguez e Malabar. Tranquebar. 1733, 8.

A Malabar and English Dictionary by the English Missionaries of Madras Vepery n. Madras 1779. 4.

A dictionary of the English and Malabar. languages Vepery 1786. 4.

Malabar. dictionary T. I. II. 4.

Grammat.

B. Ziegenbalg grammatica Tamulica s. Malabarica, Halle 1716. 4.

Churchill collection of voyages and travels Lond. 1732. f. T. III. pag. 594. Introduction to the Malabar. language.

A grammar of the Damul or Tamul language Tranqueb. 1734. 4.

C. Ioh. Beschi grammatica Tamulica, et Chr. Th. Waltheri observationes grammaticae, quibus linguae Tamulicae idioma vulgare illustratur Tranqueb. 1739. 8.

The grammar. for learning the principles of the Malabar language properly called Tamul, by the English Missionaries of Madras. Vipery 1789. 8.

R. Drummond Malabar grammar. Bombay 1799.

MALAY.

Die Bewohner des südlichsten Theiles der Hinter-Indischen Halbinsel, welche sich und ihre Sprache von dort aus über die Küsten der meisten benachbarten südöstlichen Inseln, die Molucken, auch Borneo, und

Incolae peninsulae transgangetanae, qua maxime meridiem versus extenditur, et se et ipsorum linguam super plurimas insulas finitimas meridionali-orientales h e Moluccas, Borneo et latius, quin

weiter, selbst westlich bis nach Madagascar verbreitet haben. Diese Sprache ist deſshalb ein allegmeines Mittheilungsmittel in dieser Himmelsgegend; und hat um so leichter vieles Fremde in sich aufgenommen. Vieles hat sie aus dem Sanscrit, manches aus dem Barma, Th'ay und Arabischen, viele andere Aehnlichkeiten mit benachbarten Sprachen (s. W. Marsden in d. Archaeolog. T. VI.) ohne daſs sich ursprüngliche Aehnlichkeit von den Wirkungen des Verkehrs sicher unterscheiden läſst. Basa dalam ist die poetische Schreibart, Basa jawi die allgemeine geschriebene, Basa dagang die in vielen Mundarten unterschiedene Volks-Sprache, Basa Timor die Volks-Mundart der östlichen Inseln, im Lexic. von Haex meistens ausgedruckt.

occidentem versus usque ad insulae Madagascar littus propagarunt, quare quasi communis illarum orarum lingua haec est, eoque facilius ex peregrinis aliquid traxit. Plurima ex lingua Samscredamica habet, multa ex Barmanica, Siamica, Arabica (cf. W. Marsden in Archaeologia Britan. T. VI.) neque tamen satis apparet, quae ex cognatione quaeve ex commercio acceperit. Malaicae linguae poëticus loquendi usus Basa dalam, scriptoria communis, basa jawi, popularis eaque in multas dialectos divisa basa dagang, insularum orientalium dialectus, quae lexico Haexii expressa videtur, basa Timor vocatur.

Wörter — *Vocabula*

s. in

De. Bry India orientalis Franc. 1601 f. P. V. pag. 57 sqq.

C. v. Heemskerk journal of voyage. Amst. 1603. Append.

I. Ogilby Asia. Lond. 1670. pag. 129. sqq.

Th. Herbert travels into divers parts of Asia and Afrika Lond. 1677. f. pag. 366 sqq.

Dapper Asien pag. 51.

H. Relandi dissertatt. miscell. T. III. pag. 57.

Vocab. Cathar. N. 183.

Hervas vocab. poligl. pag. 164 sqq.

C. P. Thunberg resa uti Europa, Africa, Asia. Upsal. 1789—93. 8. T. II. pag. 260 sqq.

S. Parkinson journal of a vogage to the South-Seas Lond. 1793. 4. pag. 184 sqq.

La Billardière voyage à la recherche de Perouse T. II. Append. pag. 1 sqq.

Lexic.

Fr. de Houtman spraeckende Woord-boeck in de Maleysche ende Madagaskarische talen. Amst. 1603. 4.

C. Wiltens et S. Danckaerts vocabularium Belgico-Malaicum et Mal. Belg Hag 1623.

I. Heurnii vocabularium ofte woordenboeck in't Duytsch en Maleys Amst 1650. 4.

Fr. Gueynier vocabulaer ofte woordenboeck in't Duytsch ende Maleys Batav. 1677. 4.

Bowrey grammar and dictionary of the Malay language Lond. 1701. 4.

L. Loderi Malaica collectanea vocabularia. Batavia 1707. 1708. 4. T. I. II.

Dictionarium of the Woord ende Spraackboeck in de Dutsche en de Maleysche tale. Batavia 1708. 4.

Niewe Wordenschat in Neder-Duytsch, Maleyisch en Portugeisch. Batav. 1780. 8.

I. Howison dictionary of the Malay tongue Lond. 1801. 4.

W. Marsden dictionary of the Malayan language. Malayan and English and English and Malayan. Lond. 1812. 4.

Grammat.

A. C. Ruyll spieghel van de Maleysche taal. Amst 1612. 4.

G. H. Werndly Maleysche Spraakkonst. Amst. 1730. 1736. 8.

I. Hawison grammar of the Malay tongue as spoken in the peninsula Malacca, the ïslands of Sumatra, Java, Borneo etc. compiled from Bowrey's dictionary and other documents. Lond. 1801.

W. Marsden grammar of the Malayan language with an introduction and praxis. Lond. 1812. 4.

Dialect

Dav. Haex. dictionarium Malaico-Latinum et Latino-Malaicum. Rom. 1631. Adiunctae sunt dictiones aliquae Tarnatae pag. 54. sq.

A. Pigafetta voyage autour du monde in navigationi e viaggi raccolte da G. B. Ramusio. Ven. 1606 T. l. pag. 370. Parole dell' isola di Tidore.

Histoire de la navigation aux Indes orientales par les Hollandois. Vocabulaire des mots Iavans et Malays escrits a Ternati Amst. 1609.

W. v. Hogendorp verzameling van eenige Timoreesche woorden v. Verhandelingen van het Bataviaasch Genootschap. Batav. 1780 T. II. p. 102 sqq.

Hervas vocab. poligl. pag. 37.

S. Parkinson journal of voyage. Lond. 1793. pag. 200. Numeral. v. Ceram.

MALLICOLO. MANICOLO.

Insel, die zu den Neuen Hebriden, im Westen der Freundschafts-Inseln, gerechnet wird.

Insula, quae novis Hebridibus, amicarum ab occidente sitis, accensetur.

Einige Wörter *Aliquot vocabula*

s. in

I. Cook voyage to the pacific Ocean. Lond 1784. T. II. Append N. 2.

I. R. Forster Bemerkungen auf einer Reise um die Welt. Berl. 1783. pag. 254.
Vocabul. Catharin N. 194.

MALTA.

In dieser Insel herrscht auf dem Lande eine Volks-Mundart des Arabischen, die keine Beweise eines unmittelbaren Zusammenhanges mit dem Phönicischen oder Punischen in sich enthält, und theils schon in der Länge der Zeit, theils durch viele Einmischungen aus dem Italienischen, welches in den Städten gesprochen wird, Veränderungen erfahren hat.

In pagis hujus insulae popularis dialectus Arabica usurpatur, quam linguae Phoeniciae s. Punicae filiam esse demonstrari nequit. Multas mutationes et temporis tractu et in vicinia Italicae linguae, qua urbes insulae utuntur, experta est.

Wörter *Vocabula*

s. in

Abela Malta illustrata edit. Ciantar. Malt. 1772 f. T. I. pag. 265 sqq. 684.
Vocabular Catharinae N. 86.
Hervas aritmetica delle naz. Ces. 1785. pag. 157 sq.
I. I. Bellermann Phoeniciae linguae vestigiorum in Melitensi specim. Berol. 1809. pag. 7 sqq.

Lexic. Grammat.

G. P. Fr. Agius de Soldanis della lingua Punica presentemente usata da Maltesi. Rom 1750. 8.
W. Gesenius Versuch über die Maltesische Sprache zur Beurtheilung der neulich wiederhohlten Behauptung, daſs sie ein Ueberrest der Altpunischen sey, und als Beytrag zur arabischen Dialektologie. Leipz. 1810. 8.

MAN

MAN s. Galisch.

MANDINGO.

Eine am Senegal und Gambia sehr verbreitete Neger-Nation, deren eigentliches Vaterland an die Quellen des letzteren Flusses gesetzt wird, und deren Sprache ein ziemlich allgemein verständliches Mittheilungsmittel dieser Gegenden ist.

Nigrorum natio in ripis fluminum Senegal et Gambia late diffusa, cujus propria patria ad fontes Gambiae collocatur. Lingua eorum in illis oris tantum non ab omnibus intelligitur.

Wörter *Vocabula*

s. in

Barbot description de Guinee pag. 415 sqq.

Allgemeine Historie der Reisen T. III. pag. 430.

C. G. A. Oldendorp Geschichte der Mission T. I. pag. 346.

Mungo-Park travels. Append. Hamburg Uebers. pag. 425 sqq.

Mithridates T. III. P. I. pag. 169.

MANDONGO.

Ein der Sprache nach mit Congo verwandtes benachbartes Neger-Volk.

Nigri, quorum lingua cum Congensi cognata est.

Wörter *Vocabula*

s. in

C. G. A. Oldendorp Geschichte der Mission. Barb. 1777. pag. 346.

Mithridates T. III. P. I. pag. 210. 223.

MANGREE.

Negern im Innern der Westküste von Afrika unter dem Gambia.

Einige Wörter

Nigri in ora interiori Africae occidentalis, fluminis Gambia a meridie.

Vocabula aliquot

s. in

C. G. A. Oldendorp l. c.
Mithridates l. c pag. 179 sq.

MANTSCHU. MANTCHOU.

Zwischen den Sibirischen und Chinesischen Tungusen, Mongolen und dem Amur-Strome, im Norden der Halbinsel Korea und des eigentlichen Chinesischen Reiches, dessen sich dieses Volk in der Mitte des XVII. Iahrh. bemächtigte. Dort hat seine mit der Tungusischen verwandte Sprache weit mehr Ausbildung erhalten, als sie vorher in den ursprünglichen Sitzen hatte, und noch jetzt daselbst, obwohl auch dorthin durch die Mantschurisch-Chinesischen Kaiser Civilisation verbreitet ist, haben mag. Iener gebildetern Sprache gehören die folgenden Hülfsmittel an.

Tungusos Sibiriae Sinensesque et Mongolos inter et flumen Amur, peninsulae Korea et Sinae propriae a septentrione patria est populi imperio Sinensi inde a medio saec. XVII. potiti. In hoc magis exculta est lingua dialecto Tungusorum primitus cognata, quam etiamnum in patria ipsa, quamvis ejus erudiendae operam navarunt imperatores Mantschu-Sinenses. Exculta illa lingua expressa est in libris sequentibus.

Wörter. *Vocabula.*

s. in

Vocabular. Catharinae n. 163.

L e x i c.

B. L. Langlès dictionaire Tartare-Mantchou-Francois. Par. 1789. T. I. II. 4.

G r a m m a t.

Amyot grammaire Tartare-Mantchou in; Memoires concernant la Chine T. XIII. pag. 39 sqq.

MARATTEN.

Diese im Norden der Halbinsel diesseits des Ganges und über das ehemalige Reich des grofsen Mogul weit verbreitete Nation, deren ursprünglichere Sitze ehemals blofs die Gebirgs-Gegend im Süden des Flusses Normada bis zur Provinz Cócàn waren. Nicht sehr weit aufserhalb dieser ursprünglicheren Sitze hat sich die Marattische Sprache ausgebreitet, welche viele Sanskritt-Wörter, andere verdorben und mit dem Arabischen und Persischen gemischt, noch andere von unbekannter Abstammung enthält. Sie wird zuweilen auch die Balabandische genannt.

Natio, quae per septentrionem peninsulae cisgangetanae et imperium, quod antehac magni Moguls dicebatur, late patet, proprium patriam habens regionem montosam, quae fluvii Normada a meridie usque ad regionem Cócàn vergit. Dialectus propria, quae et Balabandica vocatur, non multo latius patet, quam illa patria, multa vocabula Samscredamica, corrupta alia et Persicis Arabicisve mixta, incertae originis alia continet.

Wörter. *Vocabula.*

s. in

(I. F. Fritz u. B. Schulz) occidentalischer und orientalischer Sprachmeister. Leipz. 1748. pag. 212 sq.

Vocabular. Catharinae n. 173.

Hervas vocab. poligl. pag. 163 sqq.

F. C. Alter über die Samskrdamische Sprache. Wien 1799.

Lexic.

Carey Mahrátta dictionary Calcutta. 8.]

Grammat.

Grammatica Marasta a mais vulgar, que se practica nos reinos do Nizamaza e Idalza. Rom 1778. 8.

Carey Mahrátta grammar Calcutta. 8.

MARIANEN DIEBS- od. LADRONEN-INSELN.

Inseln im Norden der Carolinischen Inseln, beyde im Osten der Philippinen. Beyder Sprachen stehen in einem begreiflichen Verhältnisse zu der Bissayischen und Tagalischen Sprache.

Insulae Marianae s. latronum, Carolinarum a septentrione, utraeque Philippinarum ab oriente iacent, quarum inter et illarum linguas aliqua affinitas est.

Wörter der Marianen

s. in

Hervas vocab. poligl. pag. 163 sqq.

Einige Wörter der Carolinen. *Aliquot vocabula ex insulis Carolinis.*

s. in

Gobien histoire des isles Marianes. Par. 1700.

MARQUESAS-INSELN.

Im Nordosten der Socie- *Insularum societatis ab*

täts - Inseln, mit deren Sprache die der ersteren nahe verwandt ist.

ea parte quae septentrionem inter et orientem est: utrarumque linguae propinquam habent cognationem.

Wörter *Vocabula*

s. in

I. R. Forster Bemerkungen auf seiner Reise um die Welt. pag. 254.
Vocabul. Catharinae N. 199.
Marchand voyage autour du monde T. I. pag. 554.

MAURISCH. MAURITANSCH.

s. Arabisch.

MAYA v. Yucatan.

MBAYA.

Eine mächtige Völkerschaft in Süd-Amerika an der Westseite des oberen Paraguay, unter dem 20 und 21° S. Br.

Gens valida Americae meridionalis in ripa occidentali fluminis Paraguay et quidem superioris sub 20 et 21° lat. mer.

Wörter *Vocabula*

s. in

F. S. Gilij Saggio di storia Americana T. III. pag. 367 sqq.
Hervas vocab. poligl. pag. 163 sqq. 222.

Grammat.

Mithridates T. III. P. II. pag. 482 sqq.

MEMPHITISCH s. Coptisch.

MESSISAUGER.

Eine zum Chippewayisch-Delawarisch - Mohegan - Algonkinschen Sprachstamme gehörige Völkerschaft im Süden des obern und des Huronen-Sees in Nord-Amerika.

In America septentrionali lacuum superioris et Huronici a meridie. Ad propagines populorum Chippeway - Delaware - Mohegan - Algonkin pertinent.

Einige Wörter

Vocabula aliquot.

s. in

B. Smith-Barton new views of the origin of the tribes of America. Philad. 1798.

MEXICO.

Dieses, in der Mitte von Mittel Amerika bey dessen Entdeckung eben zu einer ansehnlichen Gröfse und Macht emporgehobene kriegerische Reich zeigt besonders in seiner Sprache Spuren einer Ausbildung derselben, wie sie nicht viele Amerikanische Völker zeigen; sie scheint Folge des Zusammenschmelzens mit dem früher ruhigen Staate Acolhuacan, und die Sprache mit der Mundart der Cicimechi genau verwandt zu seyn, und in ihrer nicht unbedeutenden Aehnlichkeit mit der Cora die Herkunft

Quod in media fere America tempore, quo primum innotuit, in quoddam ambitus et potentiae fastigium accreverat, bellicosorum Aztecorum imperium lingua utebatur inter Americanas inprimis culta, quae ejus cultura e regno propinquo et tranquillo Acolhuacan videtur profecta. Linguam hanc inter et Cicimechorum propinqua fuit cognatio. Similitudine, quam cum lingua Cora habet, arguitur, Aztecos e septentrionali America illuc venisse.

des Volks der Mexicaner oder Azteken aus dem nördlichen Amerika zu verrathen.

Wörter *Vocabula*

s. in

P. S. Gilij saggio di storia Americana T. III. pag. 355 sqq.

I. R. Forster Bemerkungen auf seiner Reise um die Welt F. pag. 254.

Hervas vocabul. poligl. pag. 164 sqq.

Mithridates T. III. P. II. 2. S. III. 3.

Lexic.

Al. de Molina vocabulario en lengua Castellana y Mexicana Mexic. 1555. 4. 1571. f.

P. de Arenas vocabulario manual de las lenguas Castellana y Mexicana Mex. 1611. 8.

Grammat.

Al. de Molina arte de la lengua Mexicana Mex. 1571. 8.

Ant. Del Rincon arte de la lengua Mexicana. Mex. 1595. 8.

D. de Gualdo Guzman arte Mexicana. Mex. 1642. 8.

Aug. de Velancurt arte de lengua Mexicana. Mex. 1673. 4.

Ant. Vazquez Gastelu arte de de lengua Mexicana Puebla d. l. Ang. 1693. 8.

C. de Tapia Zenteno arte novissima de lengua Mexicana. Mex. 1753. 4.

I. A. de Aldama arte de la lengua Mexicana Mex. 1754. 4.

Gilij l. c. Pag. 128.

Mithridates l. c.

MIAMI.

In Nord - Amerika ein südlicher Ast des Dalaware-Mohegan-Algonkin-Chippeway-Völker-Stammes am Flusse Miami in der Nähe des Forts S. Joseph.

In America septententrionali ad fluvium Miami haud procul a castello S. Josephi propago meridionalis populorum Delaware - Mohegan - Algonkin-Chippeway.

Wörter und grammatische Bemerkungen

s. in

C. F. Volney tableau du climat et du sol des états-unis d'Amerique T. II. S. 402 sqq.
Mithridates T. III. P. III. 3. S. IV.

MICMAC.

Ein nördlicherer Zweig desselben grofsen Völkerstammes in Acadien im Südwesten des Ausflusses des S. Lorenz-Stroms.

Ejusdem stripis propago in Acadia.

Wörter — *Vocabula*

s. in

Transact. of the historical Society of Massachuset T. VI. Pag. 6 sqq.
Mithridates T. III. P. III. 3. S. IV.

MINGRELISCH s. Georgisch.

MIZDSHEG.

Von Güldenstädt: Kisten, bey den Russen: Tschetschenzen, genannt, im Kaukasus im Westen und Nordwesten der Lesgier,

A Guldenstadio Kisti, a Russis Tschetschenzi appellantur, in Caucaso Lesgorum septentrionalium a septentrione et ab occi-

und im Süden der kleinen Kabarda. Von ihren drey Stämmen wohnen die Inguschen an den Flüssen Kumbalei und Schalgir, die Karabulak oder Arschte in dem grofsen Thale des Martan, und die Tschetschenzen vom Flusse Karabulak bis zum Iachszai.

dente, Cabardae minoris a meridie. Tres eorum tribus distinguuntur: Ingusch ad fluvios Kumbalei et Schalgir Karabulac s. Arschte in valle fluvii Martan, et Tschetschenz inter fluvios Karabulac et Iachssai.

Wörter *Vocabula*

der Inguschen und Tschetschenzen

s. in

I. A. Güldenstädt Reisen durch Russland T. II. pag. 504 sqq.

I. v. Klaproth Reisen in d. Kaukasus T. II. App. pag. 145 sqq.

I. v. Klaproth l. c. pag. 169 sqq. der Karabulak

Dialect

der Schalcha eines Stammes der Inguschen.

tribus Inguschicae Schalcha.

s. in

I. v. Klaproth l. c. pag. 169 sqq.

Die Sprache der Stammverwandten Tuschi im Westen der Awaren und Tschetschenzen, im Norden von Georgien, ist stark mit Georgischen Wörtern gemischt.

Cognatae Tuschorum linguae, qui Awarorum et Tschetschenzorum ab occidente, Georgiae a septentrione degunt, multa vocabula Georgica admixta sunt.

Wörter *Vocabula*

s. in

I. A. Güldenstädt, I. v. Klaproth l. l. c c.

MOAN v. Môn.

MOBBA.

Im östlichen Afrika ein von Bornu abhängiges Reich südwestlich von Dâr-Fûr.

Regnum nigrorum Africae orientalis ab imperio Bornu dependens, regionis Dârfûr a parte meridionali-occidentali.

Wörter *Vocabula*

s. in

Mithridates T. III. P. I. pag. 238.

MOBILIAN v. Mowile.

MOBIMA.

In Süd-Amerika in der Provinz los Moxos um den 14° S. Br.

In Americae meridionalis provincia Moxorum sub 14° lat. mer.

Wörter *Vocabula*

s. in

Hervas vocab. poligl. pag. 163 sqq.
Mithridates T. III. P. II. pag. 576.

MOCOBY.

In Süd-Amerika in der Provinz Chaco an den Ufern des Vermejo und Ypita, in naher Stamm- und Sprach-Verwandtschaft mit den Abipon.

In Americae meridionalis provincia Chaco ad ripas fluviorum Vermejo et Ypita. Stirpis et linguae cum Abiponum propinqua est cognatio.

Wörter *Vocabula*

s. in

Hervas vocab. poligl. pag. 163 sqq.
Mithridates T. III. P. II. pag. 497. 505.

Grammat.

Mithridates l. c. pag. 501 sqq.

MÖSO-GOTHISCH s. German.

MOHAWK.

Die Hauptvölkerschaft der sechs (ehemals nur fünf) vereinigten Nationen in Nord-Amerika (der Senekas, Onondagos, Oneidas, Cayugas, Tuscacoras) welche zuletzt zum Theil bey Niagara zum Theil jenseits der Bay von Kenty wohnte.

Praecipua ex sex (olim quinque) gentibus föderatis Americae septentrionalis (Seneca, Onondago, Oneida, Cayuga, Tuscarora.) Illa quidem partim ad cataractam Niagara, partim prope sinum Kenty habitabat.

Wörter s. in — *Vocabula* s. in

B. Smith-Barton new views of the origin of the tribes of America. Philad. 1798. 8.

Mithridates T. III. P. III. S. III. D.

Auf diesen Sprach-Stamm beziehen sich auch die Bemerkungen in

Ad eandem linguarum stirpem pertinent, quae habes in

Philosophical transactions T. LXIII. P. I. Lond. 1773. pag. 142 sqq.

MOHEGAN, MUHHEKANEW.

Der nordwestliche Hauptast des grofsen Mohegan-Delaware-Chippeway-Algonkin-Sprach- und Völkerstammes; Die Mohegan wohnten zuletzt zu Oneida in New-York und zu Stock-

Quae inter propagines septentrionali-occidentales populorum Mohegan-Delaware-Chippeway-Algonkin primum locum tenet, gens novissimo, tempore vel Oneidae in Novo Ebo-

bridge im Massuchuset.	*raco vel Stockbridgae in Massachusetia degit.*
Wörter	*Vocabula*

s. in

B. Smith-Barton l. c.

Wörter und grammat Bemerkungen.	*Vocabula et observatt. grammat.*

in

Ion. Edwards observations on the language of the Muhhekaneew-Indians, in which the extent of that language in North-America is shewn, its genius is grammatically traced etc. 1789. 8.

American. Museum T. V. p. 22. sqq. 141 sqq.

Mithridates T. III. P. III. 3. S. IV.

MOHILIAN.

Sprache der Comoro-Inseln zwischen der Ostküste von Süd-Afrika und dem Norden von Madagascar.	*Hoc nomine appellatur lingua insularum Comoro, Africam meridionalem inter et septentrionem insulae Madagascar sitarum.*
Wörter	*Vocabula*

s. in

Th. Herbert travels into divers parts of Asia and Africa. Lond. 1677. f. pag. 27.

MOITAY.

Volk in Ost-Indien im Süden von Assam, im Norden von Arrakan, zwischen Sylhet in Bengalen und den Tailong, von dem Volke in Bengalen: Muggaloos	*Gens Indiae transgangetanae terrae Assam a meridie, terrae Arrakan a septentrione, Sylhet inter et populum Tailong. Finitimae Bengaliae plebs eos*

genannt, welches Europäer in: Meckley, verdorben haben. *Muggaloos vocat, quod Europaei in Meckley corruperunt.*

Wörter *Vocabula*

s. in

Asiatical researches T. V. pag. 230 sq.

MOKKO.

Im Innern des westlichen mittleren Afrika. *In interioribus regionibus occidentalis mediaeque Africae.*

Wörter *Vocabula*

s. in

C. G. A. Oldendorp Geschichte der Mission. Barby 1777. T. I. pag. 346.

MOKSCHA

Wird als ein Stamm der Mordwinen betrachtet, mit denen er vereinigt, und unter gegenseitiger Mittheitheilung mancher Wörter, z. B. der Zahlwörter, zwischen der Oka und Wolga wohnt, hat aber nach den Sprachproben zu urtheilen, wenigstens ursprünglich, eine ganz eigene Sprache. *Cum Mordwinis, quibuscum in unum populum coaluere, Wolgam inter et Okam degunt. Quare utrisque vocabula quaedam communia sunt, ut numeralia, sed antiquitus lingua singularis tribui Moksha fuit.*

Wörter *Vocabula*

s. in

Vocabular. Catharinae n. 62.

MOLUCHEN s. Araucan.

MOLUKKEN s. Malay.

MON, MOAN.

So nennt sich die Pegu bewohnende Nation längs den Flüssen Erawade und Thauluayn, oder von Ava und der Gränze von Arrakan bis Siam.

Quae terram Pegu ad flumina Erawade et Thauluayn, inde ab Ava et terra Arracan usque ad Siam incolit gens, hoc nomen gerit.

Wörter *Vocabula*

in

Asiatical researches T. V. pag. 235.

MONGOL.

Diese einst weltherrschende Nation hat ihre Ursitze unter dem Baikal-See gehabt, und wohnt daselbst und in der grofsen Wüste Kobi zwischen den Mantschu, Tibet und Sibirien noch; um den Baikal-See im Russischen Gebiet zunächst die (gleich den Kalmücken) der Sprache und Abstammung nach nahe verwandten Burätten (Russisch Bratzki,) in jener Wüste die Kalkas.

Late olim dominans natio Mongolica primitus sedes suas habuit lacus Baikal a meridie, nec desiit ibi et in magno deserto Cobi, patriam gentis Mantschu Tibetque inter et Sibiriam habitare. Ad illum lacum Buratti, (Russice Bratzki) in illo deserto Kalkas sunt, utrique aeque ac Kalmucci (quos vide) et stirpis et linguae propinquam cognationem prae se ferentes.

Wörter *Vocabula*

s. in

N. Witsen Noord en Ost Tartarye Amst. 1692. pag. 103.

Vocabul. Catharinae n. 135.

Grammat. Bemerk. *Observatt. grammat.*

M. Thevenot relation de divers voyages curieux T. III. pag. 28.

Dialect.

Vocabul. Cathar. N. 136.

MORDWA, MORDWIN.

Eine Völkerschaft zwischen der Oka und Wolga in den Russischen Gouvernements Orenburg, Kasan, deren Stamm Ersad (im Gegensatze der vorher erwähnten Mokscha) zunächst unter jenem Namen verstanden wird. Die Sprache gehört unter diejenigen, welche man wegen mancher Aehnlichkeiten, aber gezwungen, zu dem Tschudischen (Finnischen) Stamme gerechnet hat.

Populus Russiae Asiaticae occidentalis et quidem provinciarum Orenburg et Casan, Wolgam inter et fluvium Oka. Tribus Ersad vocabula illo nomine praesertim intelliguntur, nam diversa sunt tribus Mokscha, quam vide. Illa similitudinem aliquam cum Fennicis, stirpis vero affinitatem non arguunt.

Wörter *Vocabula*

s. in

N. Witsen Noord en Oost-Tartarye pag. 624.

I. F. Fischer Sibirische Geschichte, Petersb. 1768. 8. T. I. pag. 162 sqq.

Müller Sammlungen für d. Russische Geschichte. T. III. pag. 384 sqq.

Vocabular. Catharinae n. 61.

S. Gyarmathi affinitas linguae Hungaricae cum linguis Fennicae originis Gott. 1799. pag. 191.

MOSQUITO.

An der Honduras-Bay in Mittel-Amerika.

Americae mediae ad sinum, qui Honduras vocatur.

Wörter *Vocabula*

s. in

Henderston account of the British Settlement of Honduras Lond. 1811. 4. App. Sketches of the manners and customs of the Mosquito-Indians.

MOSSA v. Moxa.

MOTOR, MATOR.

Nomaden auf der Ostseite des Ienisei am Flusse Tuba und dem Sajanschen Gebirge in Sibirien.

Nomades in ripa orientali fluminis Ienisei ad fluvium Tuba et montes Sajanos Sibiriae.

Einige Wörter *Aliquot vocabula.*

s. in

Pallas Reisen durch verschiedene Provinzen des Russischen Reichs. T. III. pag. 374.
Vocabular. Catharinae n. 134.

MOWIL, MOBILE.

Eine um die Bay dieses Namens und überhaupt ost- und westwärts vom Ausflusse des Missisippi verbreitete Sprache, welche in einem näheren Verhältnisse zu der Chikkasah-Sprache stehen soll.

Ad sinum hujus nominis atque in tota ora et occidentali et orientali fluminis Missisippi dominatur idioma linguae populi Chiccasah affine.

Einige Wörter *Vocabula pauca.*

s. in

Du Pratz histoire de la Louisiane. — T. II. pag. 214. sqq.

MOXA

MOXA, MOSSA.

Eine ehemals grofse, auch jetzt noch über viele und zahlreiche Missions Dörfer verbreitete Nation fast in der Mitte von Süd-Amerika in der Provinz los Moxos. Ihre Sprache hat merkwürdige Aehnlichkeiten mit der Maipurischen.

Natio quondam valida Americae meridionalis fere mediae in provincia ab ipsis appellata, etiamnum ibi multos eosque numerosos missionariorum pagos incolens, cujus linguae similitudo cum Maipurica probe consideranda est.

Wörter *Vocabula*

s. in

F. S. Gilij Saggio di storia Americana T. III. pag. 367 sqq.
Hervas vocab. poligl. pag. 164 sqq.
Mithridates T. III. P. II. pag. 570. 617 sq.

Grammat.

Gilij l. c. pag. 238 sqq.
Mithridates pag. 362 sqq.

MUG v. Aracan.

MUHHEKANEW s. Mohegan.

MULTAN.

Im Nordwesten der Maratten, unweit des Indus, der Republik der Seik zugehörig. Unter diesem Namen stehen

Haud procul ab ipso Indo, pars reipublicae Seikorum, Marattorum a septentrione et ab occidente. Sub illo nomine v.

Wörter *Vocabula*

in

Vocabular. Catharinae n. 167.
Fr. C. Alter über die Samskrdamische Sprache Wien 1799.

MUNGHASAR s. Bugis.

MUSKOHGE.

In Nord-Amerika auf der Ostseite des Missisippi zwischen den Cheerake, Georgien, Ost- und West-Florida, den Choktah und Chikkasah, ein mächtiger Völkerbund, der auch Muskogulg, oder häufig von den vielen kleinen Flüssen und Sümpfen ihres Landes selbst: Creek genannt wird. Die Sprache steht in einigem Verhältnisse zu der der Chikkasah.

In America septentrionali in orientali fluminis Missisippi ripa, Cheeracos et Georgiam inter et Floridam gentesque Choctah et Chiccasah, foedere juncti populi vel illud nomen gerunt, vel Muscogulg, vel Creek quod a rivulis et paludibus illius regionis petitum est. Lingua cum Chiccasaica aliquam similitudinem habet.

Wörter *Vocabula*

s. in

B. Smith-Barton new views of the origin of the tribes of America. Philad. 1798.

Mithridates T. III. P. III. 3. S. III. B.

MUYSCA, MOZCA.

Eine, so gut als ausgestorbene, sonst zahlreiche und mächtige Völkerschaft in den westlichen Gebirgsländern der Nordküste von Süd-Amerika iu der Nähe von Bogota de S. Fé und des Stromes S. Magdalena

Gens quondam valida, nunc emortua regionum montosarum orae septentrionalis Americae meridionalis, in vicinia urbis S. Fidei de Bogota fluminisque S. Magdalenae.

Einige Wörter / *Aliquot vocabula*

s. in

Mithridates T. III. P. II. pag. 705.

Grammat.

Bern. de Lugo gramatica en la lengua general del nuevo regno Uamada Mosca Madr. 1619. 8.
Mithridates l. c pag. 701 sqq.

MYAMMAN v. Barma.

MYNCOUESAR. MYNCKUSSAR.

Völkerschaft im jetzigen Pennsylvanien, in der Gegend, die ehemals Neu-Schweden genannt wurde, deren Sprache zum Mohawk-Stamme gehört.

Gens, quae quondam Pennsylvaniae partem incoluit in vicinia novae Sueciae, quae tum diceretur. Stirpi Mohawk eam accensendam esse, lingua prodit.

Wörter / *Vocabula*

s. in

Th. Campanius kort Beskrifning om provincien Nya Swerige, som nu fortjden of the Engelske kallas Pensylvania. Stockh. 1702. 4. pag. 181. sqq.
Mithridates T. III. P. III. 3. S. III. D.

N.

NADOWESS NADOUESS.

Eine ansgebreitete Nation, welche diesen, oder bey den Franzosen den Namen

Nadowessiorum natio, a Francogallis Sioux appellata, late extensa est

Sioux führt, zwischen dem Missisippi und Missuri besonders zu beyden Seiten des in ersteren einfallenden S. Peter-Flusses, wo sie stete Feinde der nördlicheren Chippewäyer ruhiger und in einer Bundesverfassung leben und an dem Missuri bis über den Einfall des Waddipon-Flusses, wo räuberische Horden dieses Stammes die Geilsel aller ihrer Nachbarn sind. Teton, Manetopa. Yancton, gens de feuille sind Namen von Nadowessier-Stämmen. Die Assinipoil oder Stein-Sioux im Südosten und Osten der Christeneaux, sind ein von dem Hauptstamme abgesonderter Zweig, in feindlichen Verhältnissen mit den übrigen, aber in ihrer Sprache ihrer Abstammung treu.

inter flumina Missisippi et Missuri, maxime et in utraque ripa fluvii S. Petri, ubi foedere inter se inito tranquillius, quanquam sempiterni Chippewayorum paullo magis septentrionem versus commorantium hostes degunt; et ad flumen Missuri usque ad illapsum fluvii Waddipon; ubi violentis incursionibus et depraedationibus tribuum Nadowessicarum omnes finitimi populi mirum quantum vexantur. Teton, Manetopa, Yancton, gens de feville sunt nomina tribuum hujus gentis. Tribus etiam sunt Assinipoili s. Sioux lapidum, gentis Christeneaux ab austro, quibuscum juncti popularium hostes evaserunt, servata tamen lingua, communis teste originis.

Wörter — *Vocabula*

s. — in

I. Carver travels in North-America. Lond. 1778. 8. pag. 420 sqq. übers. Hamb. 1780. pag. 356 sqq.

B. D. voyage a la Louisiane et sur le continent de l'Amerique septentrionale. Par. 1802. pag. 348 sqq.

Mithridates T. III, P. III. 3. S. II. 2.

Dialect. d. Assinipoil.

v.

E. Umfreville the present state of Hudson's Bay Lond. 1790. 8.

NARRAGANSET.

An der Ostküste von Nord-Amerika an der Bay dieses Namens, mit Einſchluſs von Rhodeisland; ehemals ein ansehnlicher Zweig des Delaware-Mohegan-Algonkin-Chippewayischen Stammes.

In littore orientali Americae septentrionalis ad sinum illius nominis et in insula Rhodeisland, propago quondam fortis populorum Delaware-Mohegan-Algonkin-Chippeway.

Wörter *Vocabula*

s. in

R. Williams key into the language of America or an help to the language of that part called: New-England Lond. 164). 8.

Mithridates T. III. P. III. 3. S. IV.

NASSAU-INSELN s. Poggy-I.

NATICK.

Eine benachbarte Völkerschaft desselben Stammes, ehemals in der Nähe von Boston in Massachuset, in deren Mundart der Missionär I. Elliot die ganze Bibel heraus gegeben hat.

Propago populorum Delaware-Mohegan-Algonkin-Chippeway. In vicinia urbis Boston in Massachusetia habitarunt, cum missionarius I. Elliot tota biblia in eorum linguam transferret.

Wörter | *Vocabula.*

s. in

B. Smith-Barton new views of the origin of the tribes of America Philad. 1798.

Mithridates T. III. P. III. 3. S. IV.

Grammat.

I. Elliot the Indian grammar begun, or an essay to bring the Indian language into rules Cambridge 1666. 4.

Mithridates l. c.

NEHETHYWA.

Zweig der Chnisteneaux.

Tribus populi Chnisteneaux.

s.

E. Umfreville the present state of the Hudsons Bay. Lond. 1790. 8.

NEU - GRIECHISCH.

Eine Volks-Sprache wie sie in den Ländern, wo das Altgriechische ehemals Landes - Sprache war, unter mancherley Wechsel der Beherrscher derselben und diesen fremden Einflüssen ihre gegenwärtige, auf weniger Formen der Declination und Conjugation beschränkte, und z. B. selbst einer Form des Infinitivs entbehrende, Gestalt, auf ähnliche Weise, wie die ungebildeten, aus der Lateinischen hervorgegangenen

Lingua vulgaris Graeciae hodiernae. Nimirum antiqua Graecorum lingua in tanto dominorum Graeciae vicissitudine et cum peregrinis loquendi commercio sensim flexionum copia elegantiaque ita privata est, ut ne infinitivi quidem forma supersit, similique fere modo, ut ex Latina progressae ac primum incultae dialecti populares, conformata. Ex quo Constantinopolis a Turcis expugnata est, lin-

Landes-Sprachen z. B. Italiens, bekam; besonders seit der Eroberung Constantinopels durch die Türken, wodurch das Altgriechische aufhörte mehr als gelehrte und Religions-Sprache zu seyn, sich ganz selbst überlassen, und in mancherley Mundarten getheilt, von denen sich keine schriftstellerisch ausgebildet hat.

guae veteris usus tantum aliquis in libris virorum doctorum et in sacris manansit, vulgarisque exemplar quasi quoddam esse plane desiit. In multas dialectos haec divisa est scribendi arte non excultas.

s.

G. Kodrika observations de quelques Hellenistes touchant le Grec moderne Par. 1803. 8.

Coray Πρόδρομος βιβλιοθήκης Ἑλληνικῆς Paris 1806. 8. pag. 11 sq.

Lexic.

Θησαυρὸς τῆς ῥωμαΐκης καὶ τῆς φραγκικῆς γλώσσας, ἐργὸν ὀψίγονον ἀπὸ τὸν πατέρα Ἀλέξιον τὸν Σουμαβεραῖον Par. 1709. T. I. II. 4.

Dizzionario Italiano e Greco volgare Ven. 1709 T. I. II. 4.

G. Constantii dictionarium IV. linguarum: Graecae literalis, Graecae vulgaris, Latinae atque Italicae. Ven. 1786. T. I. II. f.

K. Weigel Neu-Griechisches, Teutsch-Italienisches Wörterbuch. Leipz. 1796. 8.

Grammat.

Sim. Portii grammatica τῆς Ρωμαΐκῆς γλώσσας. Par. 1638. 8. v. Du Fresne glossar. mediae et infimae Graecitatis.

Iv. Tribbechovii brevia linguae Graecae vulgaris elementa; praemissa est dissertatio de ortu et natura hujus linguae. Ien. 1705 8.

Petr. Mercado nova encyclopaedia missionis apostolicae in regno Cypri s. institutiones linguae Graecae vulgaris. Rom 1732. 4.

A. Antiquarii grammatica Graeca vulgaris. Ven. 1770. 8.

I. A. K. Schmidt Neu-Griechische Grammatik. Leipz. 1808. 8.

1. NEU-GUINEA,

2. NEU-HOLLAND,

3. NEU-KALEDONIEN,

4. NEU-SEELAND.

Von diesen sehr oder ziemlich grofsen Südsee-Inseln liegen Neu-Guinea (auch Papua genannt) im Norden, Neu-Kaledonien aber im Osten von Neu-Holland, Neu-Seeland im Südosten davon.

Ex his vel permagnis vel haud exiguis Australiae insulis nova Guinea (quae et Papua dicitur) a septentrione, nova Caledonia ab oriente, nova Seelandia ab austro novae Hollandiae sitae sunt.

Wörter *Vocabula*

2. 3. 4.
s. in

I. K. Forster Bemerkungen auf seiner Reise um die Welt. pag. 254.

1. 2. 3. 4.
Vocabular. Catharin. n. 189. 190. 191. 192.

2. 4.
S. Parkinson journal of a voyage to the South-Sea pag. 126 sqq. 148 sqq.

Hawkesworth Geschichte der Reisen übers. Berl. 1774. T. II. pag. 283. T. III. pag. 250.

2. 3.

Billardière voyage a la recherche de la Peyrouse T. II. App. pag. 44. sqq.

1.

H. Relandi dissert. miscell. T. III. pag. 129.

Th. Forrest voyage to new Guinea and the Moluccas. Lond 1789. Append. pag. 12 sq.

Dalrymple historical collection of voyages to the South pacific Ocean. App.

4.

I. Cook's voyage to the parific ocean 1776—1779. T. I. pag. 164 sqq.

NEU-SCHWEDEN. s. Pennsylvanien.

NICOBAR-INSELN.

Im Westen der Malacca-Küste der Halbinsel jenseits des Ganges. Die Sprache derselben hat das Malayische zur Grundlage, aber mit Einmischung fremder, auch Europäischer Wörter.

Littoris Malacca in peninsula Indiae transgangetana ab occidente. Insularum linguae Malaica mater est, immixtis tamen vocabulis peregrinis ipsorumque Europaeorum.

Wörter *Vocabula*

s. in

Dänische Missions-Berichte. Halle. 4. T. II. pag. 887. u. LXXXVI. Fortsetz.

Asiatical researches T. III. pag. 156.

NIEDER-DEUTSCH, NIEDER-SÄCHSISCH

s. Plattdeutsch.

NIEDERLÄNDISCH s. Holländisch.

NOGAY s. Tatar.

NORTFOLK-SUND s. Koluschen.

NORTON-SUND.

An der nordwestlichsten Spitze von Amerika unter dem südlichen Ausgange der Beerings-Straſse. Die Sprache gehört, so weit wir sie kennen, zum Eskimo-Stamme.

In America septentrionali, qua Asiae proxima est, freti Beeringii a meridie. Lingua illius orae, quantum quidem innotuit, ad propagines stirpis Eskimo pertinet.

Wörter s. in

Vocabula s. in

I. Cooks voyage to the pacific ocean 1776—1779. Lond. 1784. T. II. pag. 334 sqq. App. n. 6.

Mithridates T. III. P. III. 3. S. V.

NORWEGEN.

Die Norwegische Sprache ist eine Tochter des Scandinavisch - Germanischen Stammes, und wieder in manche Mundarten getheilt, zu denen auch die der von Norwegen aus bevölkerten oder wenigstens unterworfenen Orkadischen Inseln gehört.

Lingua Norvegiae stirpis Scandinavico-Germanicae propago in complures dialectos dividitur, quibus etiam dialectus insularum Orcadum accensenda est, a Norvegis occupatarum.

Lexic.

Chr. Ienssen Norsk dictionarium eller glossbog Kiobenh. 1646. 8.

G. I. Thorkelin analecta, quibus historia etc. regni Norvegii illustrantur. Hafn. 1778. 8.

Dialect

H. Ström beskrivelse over Söndmör. Soröe 1762. 4.
I. N. Wilse Norsk ordbog fra Egnen ved Spydberg Christiania 1780. 8.

NOVA, NEW. NOUV. HOBO v. Neu.

NUTKA - SUND.

Auf der Nordwest-Küste von Amerika unter dem 50° N. Br.

In ora occidentali Americae septentrionalis sub 50° lat. sept.

Wörter / *Vocabula*

s. in

I. Cook voyage to the pacific ocean 1776—1779. T. II. App. N. 4.
A. v. Humboldt essai politique de la nouvelle Espagne pag. 322.
Bourgoing relation d'un voyage recent des Espagnols sur les côtes nord-ouest de l'Amerique en 1792. pag. 78 sq.
Archives litteraires de l'Europe 1804. N. IV.
Mithridates T. III. P. III. 3. S. I. 4.

NUKAHIWA.

Hauptinsel unter den Wassington-Inseln im Nordwest der Mendoza-Inseln zwischen dem 9° 30′ und 7° 50′ S. Br. und 139 — 140° d. L.

Praecipua ex insulis Wassingtonis insularum Mendozae a parte, quae inter septentrionem et occidentem est, sitis inter 9° 30′ et 7° 50′ lat. mer. et 139°—140° long.

Wörtér — *Vocabula*

s. in

G. H. v. Langsdorf Bemerkungen auf einer Reise um die Welt. Frft. a. M. 1812. T. I. pag. 153 sqq.

O.

OLONETZ s. Finnen.

OMAGUA.

Eine sonst grofse und mächtige, sich durch ihre Geschicklichkeit und Betriebsamkeit in der Schifffahrt auszeichnende Nation auf den Ufern und Inseln des Maranon unterhalb des Napo-Flusses in Süd-Amerika, deren Wörter auffallende Aehnlichkeiten mit den Sprachen des Guarany-Stammes, aber nicht in der grammatischen Form zeige

In America meridionali et quidem ripis et insulis fluminis Amazonum inde ab exitu fluvii Napo, gens quondam et inprimis numerosa validaque et navigandi arte industriaque celebris, cujus multa vocabula Guaranicis simillima sunt, forma grammatica differt.

Wörter — *Vocabula*

s. in

F. S. Gilij saggio di storia Americana. T. III. pag. 371 sqq.

Hervas vocabul. poligl. pag. 163 sqq. origin. format. mecanismo ed armonica delle lingue pag. 78 sq Catologo delle lingue pag 24.

Mithridates T. III. P. II. pag. 603. 611.

G r a m m a t.

Mithridates l. c. pag. 607 sq.

ONEIDA. ONONDAGO.

Zwey von den sechs (ehemals nur fünf verbündeten) Nationen in Nord-Amerika, deren Sprachen zusammen der Mohawk-Stamm genannt werden. Erstere wohnen an der Ostseite des Sees ihres Namens bis zu den Quellen des östlichen Arms des Susquehanna-Flusses, und sind ein merkwürdiges Beyspiel von bürgerlicher Cultur, letztere wohnen westlicher.

Utrique ex populis sex (quondam quinque) foederatis Americae septentrionalis, quorum dialecti conjunctim lingua Mohawk vocantur. Oneida ab oriente lacus ab ipsis appellati usque ad fontes orientales fluminis Susquehanna, insigne civitatis bene constitutae exemplum, et Onondago paullo magis occidentem versus habitant.

Wörter *Vocabula*

s. in

B. Smith-Barton new views of the origin of the tribes of America. Philad. 1798. 8.

Mithridates T. III. P. III. 3. S. III. D.

ORKADEN s. Norwegen.

OSSET.

Eine Nation des Caucasus im mittleren Theile des Gebirges, im Westen der Mizdshegen, im Süden der Tscherkessen, im Osten der Bassianischen Tataren und von Imirette, im Norden von Georgien, doch so daſs ihre westlichsten und südlichsten Wohnsitze bis in beyde letztere Länder rei-

Populus Caucasicus Mizdshegorum ab occidente, Tscherkessorum a meridie, Bassianicorum Tatarorum et provinciae Imirette ab oriente, Georgiae a septentrione, quanquam et occidentem et meridiem versus et paullo latius sedes patent. Linguae vocabula quaedam Persicis similia

chen. Die Sprache steht durch Wörter-Aehnlichkeit in einigem Verhältnisse zur Persischen. Die Mundart des Stammes Dugori ist nur wenig unterschieden.

sunt. Dialectus tribus Dugori parum differt.

Wörter *Vocabula*

s. in

I. A. Güldenstädt Reisen durch Russland und im Caucasischen Gebirge T. II. pag. 535.

Vocabular. Catharinae n. 79. 80.

Lexic. Grammat.

I. v. Klaproth Reise in den Kaukasus T. II. App. pag. 180 sqq.

OSTER-Insel s. Waihu.

OSTIAK.

Diese Nation, welche in Sibirien, besonders am Ob in Tobolsk bis an den Narym und die Mündung der Flüsse Ket und Tom lebt, und durch die Namen Obsche, Kondasche, Irtischische, Beresowsche, Narymsche, Tomsche Ostiaken von andern Völkerstämmen (die man wohl nach dem Tatarischen Üschtäk d. i. Fremdling, auch Ieniseische Ostiacken nennt, s. Imbatzki, Pumpokolski) unterschieden wird, zeigt in ihrer Sprache

Haec Sibiriae natio maxime ad flumen Ob in provincia Tobolsk usque ad fluvium Narym fluviorumque Ket et Tom exitus habitat, et cognominibus ab illis locis vel Konda, Beresow, Irtisch petitis ab aliarum gentium tribubus distinguitur, (quanquam interdum eiusmodi quoque tribus latiori sensu nomen Ostiak gerunt, quoniam apud Tataros in universum peregrinos significat.) Lin-

eine nahe Verwandtschaft mit den Wogulen, einige auch mit andern näheren und entfernteren Völkerschaften.

gua propinquam habet cognationem cum Wogulica, aliquam cum aliis propioribus remotioribusve populis.

Wörter *Vocabula*

s. in

A. L. Schlötzer allgemeine Geschichte von dem Norden (Allgem. Weltgeschichte T. XXXI.) Halle 1771 pag. 297 sqq.

Falk Beyträge zur topographischen Beschreibung des Russischen Reichs. T. III. pag. 463 sqq.

Vocabular. Catharinae n. 70—75.

S. Gyarmathi affinitas linguae Hungaricae cum linguis Fenn. orig. Gott. 1799. pag. 214 sqq.

I. v. Klaproth Reise in d. Kaukasus. T. II. App. pag. 13 sqq.

OTAHEITE. OTAITI.

Die besuchteste unter den Gesellschafts- oder Societäts-Inseln im Osten der freundschaftlichen. Beyder Sprachen und die vieler anderen Inseln der Südsee sind nahe verwandt.

Notissima inter insulas societatis, amicarum ab oriente. Utrarumque ut et multarum aliarum maris australis insularum linguae propinquam inter se habent cognationem.

Wörter *Vocabula*

s. in

Hawkesworth Geschichte d. Reisen übers. Berl. 1774. T. II. pag. 227 sq.

I. Cook voyage towards the South-Pole 1772. Lond. 1777. T II. App.

I. Cook voyage to the pacific ocean. 1776—80 Lond. 1784. T. II. pag. 177 sq. 417 sq. App. N. 3.

I. R. Forster Bemerkungen auf seiner Reise um die Welt pag. 254.
Vocab. Catharinae N. 197.
S. Parkinson journal of a voyage to the South-Seas Lond. 1793. pag. 51 sqq.

OTHOMI.

In Mittel-Amerika im nördlichen Theile des Thales von Mexico, wo Tollan, jetzt Tula, und Xilotepec ihre Hauptörter waren. Ein Theil der Nation war auch mit Cicimechen vermischt.	*Americae mediae populus in parte septentrionali vallis Mexicanae, ubi Tula et Xilotepec praecipuae eorum urbes fuerunt. Pars populi Cicimechis mixta vivebat.*
Wörter	*Vocabula*

s. in

Hervas vocabul. poligl. pag. 164 sqq.
Mithridates T. III. P. III. 2. III. 5.

Lexic. Grammat.

L. de Neve y Molina reglas de orthographia, diccionario y arte del idioma Othomi. Mex. 1767. 8.

OTTOMACA.

Eine mächtige Völkerschaft am höheren Orinoko.	*Gens valida ad flumen Orinoco et quidem superius.*
Einige Wörter	*Aliquot vocabula*

s. in

F. S. Gilij saggio di storia Americana T. III. pag. 213.
Mithridates T. III. P. II. pag. 650.

P.

P.

PALI.

Die alte, gelehrte und religiöse Sprache Hinter Indiens, und des Innern von Ceylon, wie es in Vorder - Indien Sanskritt ist, mit welchem es, so wie auch mit dem Zend, ursprünglich verwandt erscheint. Der Name der Sprache wird oft wie Bali ausgesprochen, aber allgemeiner: Pali geschrieben; man nennt sie auch: Lanka - basa.

Vetus eruditorum et religionis lingua in India transgangetana et in interiori Ceylania, ut Sanscredamica in cisgangetana, quacum propinquam habet cognationem; aliquam quoque cum lingua Zendica. Nomen illud saepe Bali pronunciatur, Pali scribitur, sed et Lanka basa lingua appellatur.

Wörter — *Vocabula*

s. in

Asiatical researches T. X. pag. 284 sq.

PAMPANGO.

Auf den Philippinischen Inseln. Die Sprache ist mit der Tagalischen verwandt.

In aliquibus insulis Philippinis. Lingua Tagalicae cognata est.

Wörter — *Vocabula*

s. in

I. R. Forster Bemerkungen auf seiner Reise um die Welt. pag. 254.

Vocabular. Catharinae n. 186.

Lexic.

D. Bergamo vocabulario de Pampango en Romance y de Romance en Pampango Manill. 1732. f.

Grammat.

D. Bergamo arte de la lengua Pampanga. Sampaloc 1736. 4.

PAMPTICOUGH.

Einer von den südlichsten Zweigen des Delaware-Mohegan-Algonkin-Chippewayschen Sprachstammes in Nord-Amerika in Carolina, wahrscheinlich schon ausgestorben.	*Propago meridionalis populorum Delaware-Mohegan-Algonkin-Chippeway in America septentrionali et quidem in provincia Carolina, verisimiliter emortua.*
Wörter.	*Vocabula.*

s. in

Lawson new view to Carolina Lond. 1709. 4. pag. 231 sqq.

Brickel natural history of North-Carolina Dublin 1737.

B. Smith-Barton new views of the origin of the tribes of America Philad. 1798.

Mithridates T. III. P. III. 3. S. IV.

PAPAA.

Negervolk auf der mittleren Westküste von Afrika.	*Nigri littoris Africae fere mediae occidentalis.*
Wörter	*Vocabula*

s. in

C. G. A. Oldendorp Geschichte der Mission der evangelischen Brüder. Barby 1777. pag. 346 sq.

Mithridates T. III. P. I. pag. 206.

PAPUA v. Nova Guinea.

PARSI.

Die alte Sprache der eigentlichen Provinz Persis, (Fars, Parsistan) welche sich durch die, unter den Königen seit Cyrus auf sie übergegangene Cultur, besonders seit Darius Hystaspis, ausgebildet haben mag, unter den Sasaniden, statt des Pehlwi, Sprache des Hofes (Deri von dar: Thor, Pforte) wurde und auch unter den Parthischen und Neupersischen Königen bis zur Eroberung Persiens durch die Saracenen blieb.

Vetus lingua Persidis propriae (Fars Parsistan.) A tempore regum inde oriundorum Cyri, maximeque Darii Hystaspis exculta lingua illa, sub stirpe regum Sassanidarum Pehlvicae loco aulae lingua extitit (hinc a dar porta: deri appellata,) et sub Parthicis Neo-Persicisque regibus mansit, donec a Saracenis vincerentur.

Wörter s. *Vocabula* in

Anquetil du Perron Zend Avesta ouvrage de Zoroaster T. III. pag. 423 sqq. übers. v. Kleuker. Rig. 1775. 4.

S. F. G. Wahl allgemeine Geschichte der morgenländischen Sprachen und Litteratur. Leipz. 1784. pag. 233. 303.

I. C. Alter über die Samskrdamische Sprache. Wien 1799.

PATAGONIA v. Araucan.

PATANEN v. Afgan.

PAZEND v. Zend.

PEGU v. Môn.

PEHLWI.

Alte Mundart des ehemaligen niedern Mediens, d. i. der Gegenden im Norden von Parsistan bis zum Kaspischen Meere, zwischen diesem Masenderan, Dilem und dem alten Assyrien, auch **Huzwaresch** genannt, welches Heldenkraft bedeutet, also Sprache der Helden anzeigt. Sie war herrschend unter den Altpersischen Königen als Sprache auch des Hofes, und zeigt merkwürdige Verwandtschaft auf der einen Seite mit dem Semitischen Sprachstamme, auf der andern mit den beyden andern Hauptsprachen des Altpersischen Reiches Parsi und Zend, und selbst mit dem Sanskritt.

Antiqua lingua Mediae inferioris i. e. regionum Persidis propriae a septentrione usque ad mare Caspium, hoc inter et provincias Masenderan, Dilem et veterem Assyriam sitarum. Appellatur quoque Huzwaresch, quod vocabulum vim heroum, itaque linguam heroum significat. Dominabatur sub antiquioribus regibus Persicis in publicis negotiis, beneque consideranda est cognatio, quam ab altera parte cum linguis Semiticis, ab altera cum duabus aliis priscis imperii Persici linguis, Parsi et Zend, cumque ipsa Samscredamica habet.

Wörter / *Vocabula*

s. in

Anquetil du Perron Zend Avesta ouvrage de Zoroaster Par. 1771. 4. T. III. pag. 423 sqq. übers. v. Kleuker Rig. 1775. u. Anh. T. II. P. II.

S. F. G. Wahl allgemeine Geschichte der morgenländischen Sprachen und Litteratur Leipz. 1784, pag. 234. 238. 503.

Paulinus a S. Bartholomaeo de antiquitate et affinitate linguae Zendicae Samscredamicae et Germanicae Rom. 1798. pag. XX.

F. C. Alter über d. Samskrdamische Sprache. Wien 1799.

PELEW-INSELN.

Zwischen den Carolinischen, Pphilippinischen und Moluckischen Inseln.	*Inter insulas Carolinas, Philippinas et Moluccas.*
Wörter	*Vocabula*

s. in

G. Keate account of the Pelew-Islands trad. Par. 1788. pag. 371 sqq übers. Hamb. 1789. 8.

I. P. Hockin supplement to the history of the Pelew-Islands Lond. 1803. 4.

PENOBSOT.

An dem Flusse dieses Namens in den Gränzgegenden zwischen Massachuset und Acadien in Nord-Amerika. Die Sprache gehört zum Algonkin-Mohegan-Delaware Chippewayschen Stamme.	*Ad flumen illius nominis fines Massachusettiae inter et Acadiam in America septentrionali. Lingua ad stirpem Algonkin-Mohegan-Delaware-Chippeway pertinet.*
Einige Wörter	*Vocabula aliquot*

s. in

B. Smith-Barton new views of the origine of the tribes of America Philad. 1798.

PENNSYLVANIA.

Ehemals bewohnt von Völkerschaften, die theils zum Delaware-Mohegan-Algonkin-Chippeway, theils zum Mohawk-Stamme zu	*Haec terra quondam habitata est a populis, qui vel stirpi Delaware-Mohegan-Algonkin-Chippeway, vel stirpi Mohawk*

rechnen sind. Zu jenem gehörten die das damalige Neu-Schweden bewohnende Volk: von ihm sind

accensendi sunt. Ad illam pertinuit gens novae Sueciae, quae tum vocabatur, cuius

Wörter *Vocabula*

s. in

Thom. Campanius kort Beskrifning om Provincien Nya Swerige uti America, som nu förtjden af the Engelske kallas Pensylvania af larde och trowärdige Mänsskrifter Stockh. 1702. 4. pag. 153 sqq.

PERM.

Die Permier, sonst Biarmier genannt, wohnen theils im Archangelschen theils im Kasanischen Gouvernement, in jenem neben den Sirjänen, mit denen, und mit deren Sprache sie Verwandtschaft haben, beyde auch mit Mordwinen und Tschuwaschen. Diese Völker sind sämmtlich wegen einiger Aehnlichkeiten mit dem Finnischen Sprachstamme, die höchstens nur irgend eine Art von Zusammenhang darthun, zu diesem Stamme gerechnet worden.

Permii s. Biarmii, ut olim appellabantur, partim in Archangelica partim in Casanica provincia degunt, illic vicini Sirjänis, quibuscum iis est et stirpis et linguae affinitas, aliqua utrisque etiam est cum Mordwinis, Tschuwaschisque. Gentes hae ob aliquot vocabula Fennicis similia, quae certe commercii genus produnt, Fennicis annumeratae sunt.

Wörter *Vocabula*

s. in

Müller Sammlung für Russische Geschichte T. III. pag. 382 sqq.

Vocabular. Catharinae n. 60.

S. Gyarmathi affinitas linguae Hungaricae cum linguis Fennicae originis pag. 191 sqq.

I. Lepechin Tagebuch einer Reise durch verschiedene Provinzen des Russischen Reichs Altenb. 1774—76. T. III. pag. 153.

PERSISCH.

Die Neupersische Sprache ist eine Tochter des Parsi, welches seit der Eroberung des Persischen Reiches durch die Saracenen und der Herrschaft des Islam sich mit Arabischen und andern fremden Wörtern, besonders der nach den Khalifen Persien beherschenden Turkomannischen Völker gemischt, und darauf in seiner jetzigen Gestalt ausgebildet hat. Merkwürdig ist die Verwandtschaft des Persischen mit dem Germanischen und auch mit dem Sanskritt.

Lingua Persica hodierna filia est antiquae, quae Parsi dicitur, cui patria a Saracenis eorumque sacris occupata, aliisque vocabulis peregrinis intrusis, conformatio data est, quam nunc habet. Magni momenti est cognatio linguae Persicae cum Germanica, nec non cum Samscredamica.

Wörter *Vocabula*

s. in

Vocabular. Catharinae n. 76.

Hervas vocab. poligl. pag. 165 sqq.

I. F. G. Wahl allgemeine Geschichte der morgenländi- Sprachen Leipz. 1784. pag. 313 sqq.

Othm. Frank de Persidis lingua et genio Norimb. 1809. 8.

Lexic.

I. Golii et Edm. Castelli lexicon Persico-Latin. in Edm Castelli lexicon heptaglotton Lond. 1669. T. II.

Fr. a Mesgnien Meninski lexicon Arabico-Persico-Turcicum. Vien. 1680 — 87. f. ed. auct. a Bern. a. Ienisch Vienn. 1780—1803. f.

I. Richardson Persian, Arabic and English dictionary T. I. II. Oxf. 1777. f. by C. Wilkins. T. I. II. 4.

Hopking vocabulary of the Persian, Arabic and English languages abridged from Richardson's diction.

A vocabulary of the Persian language Persian and English, and English and Persian, compiled from Meninskis thesaurus, Richardson's dictionary, Golius's lexicon. Gladwin and Kilpatrick's vocabularies, the Bibliotheque orientale etc.

Grammat.

Fr. a Mesgnien Meninski grammatica Turcica, cuius singulis capitibus praecepta linguarum Arabicae et Persicae subiiciuntur Vienn. 1680. f.

W. Iones grammar of the Persian language Lond. 1771. 4. - - ed. VI.

Fr Gladwin Persian moonshee Calcutta 1801. 4.

Fr. Wilken institutiones ad fundamenta linguae Persicae maximam partem ex auctoribus ineditis collecta, glossario locupletata. Lips. 1804. 8.

M. Lamsden grammar of the Persian language Calcutta 1810. T. I. II. f.

Dialect.

von Masanderan im Südosten des Kaspischen Meeres.	*provinciae Masanderan maris Caspici ab oriente et a meridie.*

Wörter	*Vocabula*

s. in

I. v. Klaproth Beschreibung der Russischen Provinzen zwischen dem schwarzen und Kaspischen Meere Berl. 1814. 8. pag. 67.

PERU s. Quichua.

PHELLATA s. Fulah.

PHILIPPINEN s. Bissaya, Pampango, Tagala.

PHÖNICISCH s. Punica.

PIANKASCHAW.

Ein südlicher Zweig des Delaware-Mohegan-Algonkin-Chippeway-Stammes in Nord-Amerika.	*Propago meridionalis stirpis Delaware-Mohegan-Algonkin-Chippeway in America septentrionali.*
Einige Wörter	*Vocabula aliquot*

s. in

B. Smith-Barton new views of the origin of the tribes of America Philad. 1798.

PIMA.

Eine zahlreiche Völkerschaft in Neu-Mexico am Californischen Meerbusen in Pimeria alta, südlich vom 31° N. Br.	*Numerosa gens terrae Mexicanae novae ad sinum Californiae in Pimeria alta,* 31° *lat. sept. a meridie.*
Wörter und grammat. Bemerk.	*Vocabula et observatt. grammat.*

I. Pfefferkorn Beschreibung der Landschaft Sonora Cöln. 1794 T. I. II. 8.

Mithridates T. III. P. III. 2. S. IV. 5.

PLATTDEUTSCH.

Schon unter den alten Germanischen Mundarten waren die weicheren, nördlichen in Nieder-Deutschland unter einander und mit den Scandinavischen näher verbunden, als mit den Oberdeutschen. Unter jenen ist die Niedersächsische oder Sassische, nach dem Wegziehen der Franken die vorherrschende geblieben, am reinsten im gröſsern Theile des ehemaligen Niedersäschsischen Kreises, gemischter in dessen Westen und noch mehr im östlichen Nord-Deutschland, wohin das Niederdeutsche durch dahin unter die bezwungenen Slavischen Einwohner gesetzte Colonisten verbreitet ward. Bis zum XVII. Iahrh. war sie in schriftlichem Gebrauche, und der schriftstellerischen Ausbildung recht nahe, die Gewöhnung an die Hochdeutsche Bibel-Uebersetzung und Predigt brachte sie auſser jenen Gebrauch; und sich ganz selbst gelassen, zerspalteten sich noch mehr die Plattdeutschen

Iam veteris Germaniae inferioris dialecti septentrionales eaedemque molliores propiorem cognationem habebant et inter se et cum Scandinavicis, quam cum Germaniae superioris. Digressis Francis inter illas praepollebat Saxoniae inferioris s. Sassica dialectus; purior illa quidem Visurgim inter et Albim, paullo magis mixta aliarum dialectorum vocabulis trans Visurgim, et magis etiam trans Albim, ubi lingua Germaniae inferioris a colonis inde in terras gentium Slavicarum traductis propagata est. Scribendi usus et ars non deerat ante saec. XVI, sed deficere coepit, cum dialecto Germaniae superioris versione bibliorum et concionibus sacris expressae assuescerent inferioris incolae; plebique soli relicta lingua illa in multas dialectos vulgares divisa est. Singularum idiotica notanda sunt: communis veteris linguae lexico caremus.

Volksmundarten, wovon in Ermangelung eines Wörterbuchs der ältern Gesammtmundart, ſolgende Hülfsmittel anzugeben sind.

s.

I. F. A. Kinderling Geschichte der Niedersächsischen oder sogenannten Plattdeutschen Sprache vornehmlich bis auf Luthers Zeit nebst einer Musterung der vornehmsten Denkmähler dieser Mundart Magdeb. 1800. 8.

Lexic. Idiotica.

(I. H. Tillig) Bremisch-Niedersächsisches Wörterbuch herausgegeben von d. Bremischen Deutschen Gesellschaft. T. I.—V. Brem. 1767—70. 8.

G. Oelrich glossarium ad statuta Bremensia antiqua Frft. a. M. 1767. 8.

M. Richey idioticon Hamburgense Hamb. 1755. 8. i. App. grammat. Bemerk.

I. Fr. Schütz Holsteinisches Idiotikon Hamb. 1800—1806. T. I.—IV. 8.

Iournal von und für Deutschland 1787. St. III. pag. 249. 1788. St. V. 1789. St. II. pag. 161. St. III. pag. 257. 1790. St. VII. pag. 34 sqq.

I. Chr. Strodtmann Osnabrückisches Idioticon Leipz. 1756. 8.

P. F. Weddigen Beschreibung der Grafschaft Ravensberg Leipz. 1790 m. Idiotic.

G. de Schueren theutonista (Clev. Idiot.) Cölln 1477. f.

Beyträge zu der juristischen Litteratur in den Preuſs. Staaten Samml. V. pag. 168 sqq. (Cleve — Mark. Idiot.)

E. I. F. Manzel Diss. continens Idiotici Meklenburgensis iuridico-pragmatici Spec. I. Rost. 1757. 4.

I. C. Dähnert plattdeutsches Wörterbuch nach der

alten und neuen Pommerschen und Rügischen Mundart Strals. 1781. 4.

PLAY.

In den Waldgebirgen von Hinter-Indien, besonders von Pegu.

In saltibus Indiae transgangetanae, praesertim terrae Pegu.

Wörter von vier Dialekten

Quatuor dialectorum vocabula.

s. in

Asiatical researches T. V. pag. 233 sqq.

POCONCHI, POCOMAN.

In Mittel - Amerika in Guatimala und Honduras; die Sprache ist mit der Maya verwandt.

Americae mediae in terra Guatimalae et Honduras. Lingua Maiae affinis est.

Wörter und grammatische Bemerkungen

s. in

Th. Gage new survey of the West-Indies Lond. 1655. pag. 213 sqq.

Mithridates T. III. P. III. 2. II.

POGGII - INSELN.

Im Westen von Sumatra mit einer eigenthümlichen Sprache.

Insulae Sumatrae ab occidente linguam propriam habent.

Wörter

Vocabula

s. in

Asiatical researches T. VI. III. pag. 90 sq.

M. Sprengel u. Th. F. Ehrmann Bibliothek der Reisebeschreibungen T. XXXVI. n. III.

POLABISCH.

Die Sprache des Restes

Lingua posteritatis Ve-

der nordwestlichsten Wenden, der Obotriten, welcher sich in den Lüneburgischen Aemtern Danneberg, Wustro bey derselben erhalten hatte.

nedorum Obotritorum, quae in praefecturis Lüneburgicis Danneberg et Wustro eam servaverant.

Wörter *Vocabula*

s. in

I. G. Eccardi historia studii etymologici Hannov. 1711. pag. 275 sqq.

Hamburger vermischte Bibliothek T. I. pag. 794 sqq.

POLNISCH, POLONIA.

Eine Hauptsprache des westlichen Astes des Slawischen Stammes, auf welche die Einführung des Lateins, nicht bloſs beym Gottesdienste sondern auch bey öffentlichen Verhandlungen mehr Einfluſs gehabt hat, als auf ihre Schwestern, und welche schon im XVI. Iahrhunderte das Zeitalter einer vorzüglichen Blüthe hatte. Die Kassuben in Hinter-Pommern und West-Preuſsen reden einen groben mit Deutschen Stammlauten gemischten Dialekt.

Polonia inter propagines occidentales stirpis Slavicae imprimis notabilis. Linguae Latinae usus non solum in sacris, sed etiam in publicis negotiis aliquam vim in hanc linguam habuit, quae saec. XVI. late florebat. Cassubi in Pomerania et Prussia occidentali dura Germanicisque vocabulis mixta dialecto utuntur.

L e x i c.

G. Cnapii thesaurus Polono-Latino-Graecus T. I. II. Crac. 1643. f.

M. A. Trotz dictionaire Polonois Allemand et Francois Leips. 1742—64. T, I.—III. 8.

G. S. Bandtke vollständiges Polnisch-Deutsches Wörterbuch. Breslau 1806. 8.

I. V. Bandtke Taschenwörterbuch der Polnischen, Deutschen und Französischen Sprache T. I. Poln. Deutsch., Franz. T. II. III. Franc. Polon., Allem. Bresl. 1805—1807. 8.

Stownik jezyka Polskiego przez S. B. Linde. Warsz. 1807—1814. T. I—VI. 4.

Grammat.

I. Roter Schlüssel zur Polnischen u. Teutschen Sprache Bresl. 1616. 8.

I. Monetae Polnische Grammatik Danzig - - umgearb. v. Vogel. Bresl. 1804. 8.

(O. Kopczynski) gramatyka dla szkot narodowych P. I.—III z przypisami Wars. 1784. 8.

I. L. Cassius Lehrgebäude der Polnischen Sprachlehre Berl. 1797. 8.

C. C. Mongrovius Polnische Sprachlehre für Deutsche Königsb. 1805.

I. S. Vater Grammatik der Polnischen Sprache in Regeln, Tabellen, Beyspielen Halle 1807. 8.

(O. Kopczynski) essai de grammaire Polonoisepratique et raisonnée pour les François. Vars. 1807. 8.

G. S. Bandtke Polnische Grammatik für Deutsche Bresl. 1808. 8.

PORTUGIESISCH.

Eine Tochter des Lateinischen und zunächst Schwester der Spanischen Sprache; aber theils ist das Mischungsverhältnifs der Bestandtheile etwas anders, als beym Spanischen, und in jenem sind mehr Lateinische Wörter, als in den

Latinae linguae filia, Hispanicae soror. In utraque tamen eorumdem fontium paullo diversus usus conspicitur. In Portugallica plus radicum Latinarum, quam in reliquis eiusdem originis

andernTöchter-Sprachen desselben theils hat das Portugiesische ganz eienthümliche Abkürzungen und Umgestaltungen jener Stammlaute. Im XV und XVI. Iahrhundert wurde diese Sprache über die Küsten von Afrika und besonders Ost - Indien verbreitet.

idiomatibus, sed singulari modo mutilatae et mutatae sunt. Saec. XV et XVI cum expeditionibus Portugallorum in littoribus Africae et Indiae orientalis eorum lingua illuc transiit.

s.

Nunez de Leao origem da lingoa Portuguese Lisb. 1606. 4.

v. Murr Journal für Kunst und Litteratur. T. IV. pag. 273 sqq. T. VI. pag. 269 sqq.

Lexic.

R. Bluteau vocabulario Portuguez e Latino. Lisb. 1712—1721. T. I.—VIII. Supplem T. I. II. 1727., 28. f. reformado e accrecentado por A. de Moraes Sylva. Lisb. 1789. T. I. II. 4.

I. Marquez nouveau dictionaire Portugais et Franc. avec supplem. Lisb. 1756—64. T. I. II. f.

A. Vieyra dictionary of the Portugueze and English language Lond. 1775. T. I. II. 4.

De la Jonchère dictionaire abrégé de langues Franc. Lat. Ital. Espagn. et Portugaise. Par. 1805. 8.

Grammat.

B. Pereira ars grammatica pro lingua Lusitana Lugd. 1672. 8.

Caet de Lima grammatica Franceza e Portugueza Lisb. 175?. 4.

A. I. dos Reis Lobato arte da grammatica da lingua Portugueza Lisb. 1771. 8.

I. A. v. Jung Portugiesische Grammatik. Frft. a. d. O. 1778. 8.

A. Meldola neue Portugiesische Grammatik. Leipz, 1789. 8.

J. D. Wagener Portugiesische Sprachlehre Hamburg T. I. II. 8.

'OTTAWATAMEH, PATTAWATTOMI.

POUTEOTAMIE.

Bey S. Joseph und Fort Detroit in Nord-Amerika einer von den südlichen Zweigen des Delaware-Chippeway-Algonkin-Mohegan-Völkerstammes.

In America septentrionali in vicinia castellorum S. Josephi et Detroit, propago stirpis populorum Delaware-Chippeway-Algonkin-Mohegan.

Einige Wörter — *Vocabula aliquot*

s. in

B. Smith-Barton new views of the origin of the tribes of America. Philadelph. 1798.

Mithridates T. III. P. III. 3. S. IV.

PRACRIT.

In unmittelbarer und nächster Verwandtschaft mit dem Sanskritt, wahrscheinlich die eigentliche Mundart des ursprünglichen Vaterlandes der Brahmanen im Südwesten vom mittleren Ganges und Audeh oder Ajodja, auch die Sprache der Anwohner des Saraswati genannt, welche aber wohl schon lange aufgehört hat, mehr als Schriftsprache zu seyn, als

Linguae Samscredamicae propago proxima, verisimiliter propria dialectus antiquae Brahmanorum patriae regionumque, quae meridiem inter et occidentem sunt accolis medii Gangis et terrae Audeh s. Ajodja; quae dialectus et Saraswata dicitur. Jam dudum emortua est, sed praecipuum locum tenuit in dramaticis Indiae operibus, Samscrêdamicis mixta

welche sie den vornehmsten Platz in dem Indischen Drama neben reinem Sanscritt einnimmt (öfter mit höherem Hindostanee verwechselt.)

mixta. Saepe confunditur cum cultiori lingua Hindostanica.

Wörter
s. in
Asiatical researches T. X. pag. 284 sq.

PRINZ-WILLIAMS-SUND.

An demselben auf der Nordwest-Küste von Nord-Amerika um den 62° N. Br. wohnen Menschen vom Eskimo - Stamme; deren Wörter

Ad hunc sinum in littore occidentali Americae septentrionalis ad 62° lat. bor. habitat gens, quae ad stirpem Eskimo pertinet. Aliquot eius vocabula

s. in

N. Portlock Reise übers. in G. Forsters Geschichte der Reisen an der Nordwest- und Nordost-Küste von Amerika Berl. 1791. pag. 145.
Mithridates T. III. P. III. 3. S. V.

PROVENÇAL.

Die ältere Sprache des südlichen Frankreichs (langue d'oc, l. occitana) zu beyden Seiten der untern Rhone, und im Süden der Loire bis nach Catalonien hin (daher diese Sprache auch wohl die Catalonische genannt worden ist.) Beson-

Lingua, qua medio, quod dicitur, aevo usa est Francogallia meridionalis in utraque Rhodani inferioris ripa, Ligeris a meridie usque ad Iberum in Catalania, a qua etiam Catalanica nominabatur. Romanorum lingua et in-

ders die Provence hatte am längsten und meisten unter dem Einflusse Römischer Sprache und Cultur gestanden. An den Höfen der Grafen von Provence, Toulouse, Barcellona blühte die Dichtkunst der Troubadours bis zum XIII. Jahrh., wo nach dem Aussterben oder der Versetzung jener Höfe, und dem Emporsteigen der nördlicheren Sprache zur allgemeinen Herrschaft über Frankreich (s. Französisch) die Provençale zum Patois herab sank, welches sich in den inneren und gebirgigen Gegenden Languedoks am meisten erhalten hat, aber auch in mancherley Dialekte getheilt ist, (wovon der in Rovergue auch: Rutenica heißt.)

genii cultura magis diutiusque in illam provinciam vim habuit, quam in reliquam Francogalliam. In aulis principum Provinciae, Tolosae, Barcinonis poësis floruit usque ad saec. XIII, ubi principum illorum domibus vel extinctis vel alio transgressis, septentrionali dialecto principatus delatus est; meridionali illi linguae popularis usus mansit, quae inprimis in montosis Languedociae regionibus servata, sed ubique in varias dialectos divisa est, quarum qua Rutenia (terra Rovergue) utitur, et Rutenica appellari solet.

s.

Millin essai sur la langue et la litterature Provençale Par. 1811.

Wörter — *Vocabula*

s. in

Hervas vocab. poligl. pag. 164 sqq.

Lexica, Idiotica.

Sauveur-André Pellas Dictionaire Provençal et François Avignon 1723. 4.

Ant. Bastero la Crusca Provençale, catalogo delle voci

Provenzali usate degli scrittori Toscani Rom. 1724. 8.

Dictionaire de la Provence et du comté Venaissin Marseille 1785. T. I.—IV. 4.

(De Sauvages) dictionaire Languedocien François Nismes 1756. 4. nouv. ed. par L. D. S. Nismes 1785. T. I. II. 8.

Le S. Gaudelin le ramelet Moundi (Tolosain) de tres flouretos o los gentilessos de tres boulados et le dicciounari Moundi Toulous. 1638. 8. 1644. 12.

Recueil de poetes Gascons P. I. Los obros de P. Gaudelin. Dictonaire de la langue Tolosaine Amst. 1700. 12.

PUMPOKOL. s. Imbatzki.

PUNISCH. PUNICA.

Die Wahrscheinlichkeit, daſs die Sprache des alten Carthago eine unmittelbare Tochter der Phönicischen gewesen sey, wird so gut als zur Gewiſsheit dadurch, daſs neuerdings die Reste jener im Plautus mit meist sichtbarem Erfolge, und eben so die Phönicischen Inschriften aus dem Hebräischen erklärt worden sind, mit dem das Phönicische begreiflich zunächst verwandt war.

Non verisimile modo est, antiquam Carthaginis linguam Phoeniciae genuinam esse filiam, sed tantum non omnino manifestum, cum illius reliquiae in Plauti Poenulo servatae, aeque ac isncriptiones Phoeniciae, prospero cum successu ex lingua Hebraica explicatae sint.

s.

Th. Reinesii ἱϛορȣ́μενα linguae Punicae Alteb. 1636. 4. et in I. G. Graevii syntagmate dissertatt. rarior. Ultraj. 1710. 4.

I. I. Bellermann Versuch einer Erklärung der Punischen Stellen im Poenulus des Plautus Berl. 1809. 8. De Poenicum et Poenorum inscriptionibus Berol. 1810. 8.

Q.

QUICHUA.

Die Sprache des eigentlichen Peru, und der Inca, und durch sie über ihr Reich verbreitet, mit den übrigen Sprachen desselben in Berührung, zunächst mit der Aimara verwandt.

Lingua Peruviae propriae ab Incis per totum eorum imperium propagata, cuius cum aliis linguis nexum aliquem habuit, cum Aimara cognationem.

Wörter s. *Vocabula* in

F. S. Gilij saggio di storia Americana T. III. pag. 355. sqq.

Hervas vocab. poligl. pag. 163 sqq. 224.

I. R. Forster Bemerkungen auf seiner Reise um die Welt. pag. 254.

Mithridates T. III. P. II. pag. 547.

Lexic.

Dom. de S. Thomas arte y vocabulario en la lengua general del Peru, Uamada Quichua. Cividad de los Reyes 1586. 8.

D. de Torres Rubio grammatica y vocabulario en la lengua general del Peru, Uamada Quichua y en la lengua Espanola. Sevilla 1603 8.

D. G. Holguin vocabulario de la lengua general de todo el Peru, Uamada lengua Qquichua o del Inca corregido e renouado conforme a la proprietad cortesano del Cuzco. Cividad de los Reyes 1608 8.

Grammat.

D. de S. Thomas grammatica o arte de la lengua general de los Indos reynos del Peru Valladolid 1560. 8.

D. G. Holguin grammatica y arte nuova de la lengua Qquichua Cividad de los reyes 1607. 8.

D. de Olmos grammatica de la lengua general. Lima 1633. 4.

F. S. Gilij l. c. pag. 233 sqq.

Mithridates l. c. pag. 526 sqq.

R.

RABBINISCH.

Aus dem spätern, gemischten Chaldäischen des Talmuds, einer so meist bloſs geschriebenen Sprache, hat sich nach der Rückkehr zum Studium des Hebräischen selbst, gegen das X. Jahrh. und nach demselben eine, auch bloſs gelehrte, Neu - Hebräische Sprache der Jüdischen Garmmatiker, Rabbinen, für ihre Bibel - Commentare und religiöse Schriften gebildet, mit Beybehaltung fast aller Hebräischen Biegungsformen, aber Beymischung jener Chaldäischer

Ex impuro serioris aetatis et Talmudico Chaldaismo, cujus potissimum in scribendo usus erat, grammaticorum Iudaicorum, Rabbinorum, saec. IX. extremo et X. ad Hebraicos religionis fontes redeuntium in scribendis commentariis et disquisitionibus de religione ipsorum lingua quaedam Neo-Hebraica extitit, quae tantum non omnes flexiones Hebraicas imitata, vocabulis Chaldaeo-Talmudicis vel peregrinis vel nova significatione adhibitis eas

und fremder Wörter neuer Bedeutungen der alten.

und *applicuit.*

Lexic.

Jo. Buxtorf lexicon Chaldaicum, Talmudicum et Rabbinicum Bas. 1639 f.

Jo. Buxtorf lexicon manuale Hebr et Chald. Bas. 1612. 8. acc. lex. rabbinico philosophicum.

Edm. astelli lexicon Heptaglotton Lond. 1669. f.

Ex Michlal Jophi s. commentario R. Salomonis Ben Melech una cum spicilegio R. Jacobi Abendanae particula complectens prophetiam Jonae; versione latina et indice illustr. E. Chr. Fabricius Gott. 1792. 8.

Grammat.

Henr. Opitii Chaldaismus thargumico-thalmudico-rabbinicus Kilon 1696. 4.

Ch. Cellarii Rabbinismus s. institutio grammatica Rabbinorum scriptis legendis et intelligendis accommodata Cizae 1684. 4.

H. Relandi analecta rabbinica, in quibus continentur Genebrardi Isagoge, Cellarii rabbinismus etc. Ultraj. 1702. 8.

Ol. G. Tychsen elementa dialect. Rabbinicae Bütz. 1763. 8.

I. E. Faber Bemerkungen zur Erlernung des Talmudischen und Rabbinischen Gött. 1770. 8.

REJANG.

Eine Völkerschaft mit einer eigenen Sprache in Sumatra in Ost-Indien.

Populus in insula Sumatra, qui propria lingua utitur.

Wörter.	*Vocabula.*

s. in

W. Marsden history of Sumatra Lond. 1783. 4. pag. 168. übers. Leipz. 1785. pag. 217.

RHÄTISCH. ROMANISCH

Eine Volkssprache des grösern Theils von Graubündten und Engadin, die sich: antiquissm langaig de l'aulta Rhaetia nennt, eben so aus dem Latein und ursprünglicher Landessprache entstanden, wie andere Tochter der Lateinischen. Statt dafs aber diese sich seit dem XI und XII. Jahrh. ausgebildet haben, freylich auch zum Theil wieder in Gebirgsvolks - Mundarten herab gesunken sind, ist das Rhätische oder Romanische oder Churwälsche auf dieser Stufe von jeher stehen geblieben. Es theilt sich in zwey Haupt-Dialekte: dem eigentlichen Rumonschen im ehemaligen obern oder grauen Bunde um die Quellen des Rheins, und den Ladinischen im Engadin um die Quellen des Inn, und viele Unterarten derselben. (Den

Lingua vulgaris Rhaetiae et Engadinae, quae se ipsa antiquissm langaig de l'aulta Rhaetia vocat, eodem modo ex Latino et indigenarum sermone orta, quam aliae Latini filiae Cum vero hae saec. XI. et XII. excolerentur, (quanquam partim postea plebi denuo relictae) in illa forma Rhaetica permansit. Duae inprimis huius dialecti sunt, Rumonica ad fontes Rheni, et Ladinica ad fontes Oeni. (Nomen Romanum ad declarandum nexum cum imperio hoc eiusque lingua et aliarum regionum dialecti affectarunt, ut Wallachica et antiquioris Francogalliae la langue Romance.)

Namen: Romanisch hatten demnächst auch andere Sprachen in Ländern des ehemaligen Ost- und West-römischen Reichs zur Bezeichnung des Einflusses desselben und seiner Sprache beybehalten, als: das Wallachische, ältere Französische Mundarten: langue Romance.)

s.

J. Planta Geschichte der Romanischen Sprache Chur 1776. 8.

J. Planta account of the Romanish language i. Philosophical transactions 1776. T. LXVI. P. I.

J. v. Hormayr Geschichte der gefürsteten Grafschaft Tyrol T. I. pag. 125 sqq.

Wörter *Vocabula*

s. in

(Churchill) collection of voyages and travels Lond. 1732 f. T. VI. pag. 697 sqq.

Hervas vocab. poligl. pag. 166 sqq.

ROOINGA. ROSSAWN.

In Ost-Indien diesseits des Ganges in Arakan sind diese zwey Sprachen Mischungen der benachbarten, Rooinga oder Ruïnga von Hindi, Rukheng (s. Arrakan) und Arabischen, gesprochen von den dortigen Muhamedanern, Ros-

In Indiae transgangetanae regione Arakan duae hae linguae mixtis finitimis ortae sunt, Ruinga, qua Muhamedani utuntur, ex Hindostanica, Rukheng et Arabica, Rusån ex vocabulis Samscredamicis iisque corruptis, Bengali-

sawn oder Rusán vom unverdorbenen Sanskritt, Bengalischen und Rukheng, gesprochen von den dortigen Hindu, Anhängern der Brahmanischen Religion.

cis et Rukheng, qua utuntur sectatores religionis Brahmanicae illic viventes.

Wörter von beyden *Vocabula utrorumque*

s. in

Asiatical researches T. V. pag. 238 sq.

RUMSEN. RUNSIENES.

Völkerschaft um Monterey in Neu Californien an der Nordwest-Küste von Amerika

Populus novae Californiae ad portum Monterey in ora occidentali Americae septentrionalis.

Wörter *Vocabula*

s. in

Bourgoing relation d'un voyage recent des Espagnols sur les côtes nord-ouest de l'Amerique septentrionale pag 78 sq.

Archives litteraires de l'Europe 1804. N. IV.

A. v. Humboldt essai sur nouvelle Espagne pag. 321 sq.

Mithridates T. III. P. III. 3. S. I. 3.

RUSSISCH. RUTHENIA.

Die mit der Ausdehnung des ungeheuern Russischen Reiches vom Dnepr bis zu den Gränzen des Chinesischen und dem Ochorsker, vom schwarzen bis zum Eismeere verbreitete Sprache ist der östlichste Zweig

Lingua Russica s. Ruthenica per immensi imperii fines a Borysthene usque ad Sinam et mare Ocholscum, a nigro usque ad glaciale patens, est propago stirpis Slavicae maxime orientalis, primi-

des Slawischen Sprachstammes, ursprünglich die Mundart der Slawischen Völkerschaften in und um Kiew und Nowgorod, die vom letzten Viertel des IX. Jahrhunderts an unter ürsten von Russischer Herkunft zu einem Reiche wurden, in welchem ums Jahr 1000 die christliche Religion, und beym Gottesdienste die Sprache der Alt-Slawonischen Bibel-Uebersetzung eingeführt ward. Diese verwandte Mundart blieb Religions- und Büchersprache, neben und unter Einfluſs auf die Volkssprache des gemeinen Lebens, welche eigentlich Russische Sprache erst kurz vor und seit Peter d. Gr. schriftlich ausgebildet und grammatisch bearbeitet worden ist, aber von jener gottesdienstlichen vieles besonders in der höhern Poesie beybehält. Sie hat zwar einige örtliche Verschiedenheiten der Aussprache, aber nur ein paar und wenig abweichende Dialekte, den von Klein-Russland (Malo-Rossisch, der westlichen Ukräne, und den Susda-

tus dialectus tribuum Slavicarum in urbibus et regionibus Kioviae et Nowgorod considentium, quae sub exitum saec. IX. sub principibus ex gente Russorum in regnum accrevere, in quo inde ab anno M. religio christiana versionisque bibliorum veteris Slavonicae usus dominatur. Cognata haec dialectus sacrorum et scriptoria lingua mansit, et aliquam vim habuit in vitae communis linguam, quae Russica proprie sic dicta paullo ante Petrum M. subque hoc imperatore demum scribendo exculta, grammaticisque regulis aucta est, quanquam servatis haud paucis ex sacrorum dialecto potissimum in sublimi poësi. Est aliqua pronunciationis diversitas in diversis locis, sed non nisi duae paullo magis discedentes dialecti sunt Malo-Rossica et Susdalica, illa regionis Kioviensis et finitimarum, haec locorum quorundam in provincia Wladimir.

lischen in einer Gegend des Gouvernements Wladimir.

Lexic.

J. Rodde Deutsch-Russisches und Russisch-Deutsches Wörterbuch Riga 1784. 8.

Slowar Akademii Rossiis oi T. I.—VI. Peterb. 1794. 4.

Slowar akademii Rossiiskoi po asbytsch nomu porjadku. Peterburg 1806. sqq.

J. S. Vater Russisches Lesebuch mit einem Russisch-Deutschen und Deutsch Russischen Wörterverzeichnisse und einer Abhand ung über die Vorzüge der Russischen Sprache. Leipz. 1815. 8.

Grammat.

H. W. Ludolf grammatica Russica. Oxf. 1696. 8.

M. Lomonossow grammatika Rossiiskaja. Peterb. 1755. 8. übers. v. J. L. Stavenhagen Peterb. 1764. 8.

(De Marignan et Charpentier) elemens de la langue Russe. Peterb. 176 . 8.

J. Rodde Russische Sprachlehre Riga 1784. 8.

J. B. Maudru élémens raisonnés de la langue Russe. Par. 1802. T. I. II. 8.

Rossiiskaja grammatika sotschinennaja Imperatorskoju Rossiiskoju Akademiju. Peterb. 1802. 1809. 8.

J. Heym Russische Sprachlehre für Deutsche Riga 1804.

(W. Sokolow) natschal nyja osnowanija Rossiiskija grammatiki Peterb. 1808. 8.

J. S. Vater praktische Grammatik der Russischen Sprache nebst Uebungsstücken zur grammatischen Analyse und einer Einleitung über Geschichte der Russischen Sprache und die Anordnung ihrer Grammatik. Leipz. 1808. 1814. 8.

A. W. Tappe Russische Sprachlehre für Deutsche mit

Beispielen als Aufgabe zum Uebersetzen aus dem Deutschen ins Russische Petersb. u. Riga, 1810. 8.

S.

SAHIDISCH s. Coptisch.

SALIVA

Eine ehemals zahlreiche Völkerschaft in den Gegenden des obern Orinoko in Süd-Amerika.

Populus quondam numerosus ad flumen Orinoko et quidem superius in America meridionali.

Wörter *Vocabula*

s. in

F. S. Gilij saggio di storia Americana T. III. pag. 383 sq.

Hervas vocab. poligl. pag. 164 sqq.

Mithridates T. III. P. II. pag. 628 sq.

SAMARITANISCH.

Die unter den, nach Wegführung eines großen Theils der Bewohner des Königreichs Samaria d. i. des nördlichen Theils von Palästina in das Assyrische Reich, aus demselben dorthin versetzten Colonisten und zurückgebliebenen älteren Einwohnern entstandene gemischte, der Syrischen sehr nahe verwandte, un-

Dialectus incolarum regionis Samariae, qui regno hoc diruto ab Assyriis illuc missi in locum Iudaeorum alio traductorum et cum remanentibus mixti mixta illa dialecto Syriacae proxime cognata usi sunt, minus quam reliquae Semiticae exculta.

ter den Semitischen am wenigsten gebildete Sprache.

L e x i c.

J. Morini opuscula Ebraeo-Samaritana Par. 1657. 12.

G r a m m a t.

Ch. Cellarii horae Samaritanae Frf. et Jen. 1705. 4.

SAMOJEDEN.

In Sibirien theils am Eismeer, von Archangel ostwärts um Pustosersk, Ustzelma, und Ischma; theils im Innern um das Altaische Gebirge. Die Dialekte der nicht enge zusammen wohnenden Stämme weichen fast wie verschiedene Sprachen von einander ab, haben aber doch ihr Gemeinsames.

In Sibiria et ad mare glaciale Fani S. Archangeli ab oriente circum vicos Pustosersk, Ustzelma, Ischma, et in interioribus regionibus ad montes Altai. Dialecti tribuum nec foedere nec sedibus coniunctarum discrepant fere ut linguae diversae, quibus tamen commune aliquid inest.

Wörter — *Vocabula*

s. in

Witsen Noord en Ost-Tartarye T. II. pag. 890.

A. L. Schlötzer allgemeine Geschichte von dem Norden. Halle 1771. (Allgem. Weltgeschichte T. XXXI.) pag 297.

Vocab. Catharinae n. 120—129.

Grammat. Bemerk. *Observatt. grammat.*

s. in

J. S. Vater Bruchstücke einer Samojedischen Grammatik, im Königsberger Archiv 1811. St. II. pag. 208 sqq.

W. H. Döleke Schreiben an Pr. Vater über die von ihm herausgegebene Samojedische Original-Erzählung mit ihrer Uebersetzung und grammatischen Bemerkungen Heiligenstadt 1812. 8.

SANDWICH-INSELN.

In einerley N. Br. mit den nördlichsten Marianen oder Diebs-Inseln, und fast in einerley Meridian mit den östlichsten Societäts-Inseln; Owaihi ist die Hauptinsel. Die Sprache ist mit der der Societäts-Inseln nahe verwandt.

Insulae Australiae, quarum maxima Owaihi vocatur, eiusdem fere latitudinis quam Marianae maxime septentrionales, eiusdemque fere longitudinis, quam insulae societatis maxime orientales, quarum cum lingua Oweihica caeterarum illarum insularum dialecti propinquam habent cognationem.

Wörter s. in — *Vocabula* s. in

J. Cook voyage towards the South pole Lond. 1777. T. II. App. n. 5.

J. Cook voyage to the pacific Ocean. T. III. written by J. King Lond. 1785. pag. 547 sqq.

J. Dixon voyage round the world Lond. 1789. pag. 268 sqq.

Vocabul. Catharin. n. 200.

SANKIKANI.

Ein Zweig des Delaware-Mohegan-Algonkin-Chippeway Sprachstammes, im ehemaligen Neu-Belgien in der Nähe der Delaware-Bay bis zum 40° N. Br.

Propago populorum Delaware-Mohegan-Algonkin-Chippeway in novo, quod olim dicebatur, Belgio ad sinum Delaware usque ad 40° lat. bor.

Wörter	*Vocabula*

s. in

J. de Laet novus orbis L. B. 1633. pag. 75. sq. Mithridates T. III. P. III. 3. S. IV.

SANSKRITT. SAMSKRDAM.

Die gelehrte Sprache der Brahminen in Vorder-Indien, merkwürdig durch ihr hohes Alterthum, da ihre schriftstellerische Ausbildung wahrscheinlich in das Jahrhundert vor unserer Zeitrechnung fällt; durch ihre Verwandtschaft mit den ältesten Sprachen Persiens: Zend, auch Pehlwi, und Europas, der Griechischen, Lateinischen, Germanichen, auch Slawishen, sowohl in Wurzellauten als Formen; durch den künstlichen Ausbau ihrer Grammatik und den Reichthum an Biegungsformen, der besonders in den älteren Religions-Büchern noch gröſser ist, und durch die Blüthe ihrer poetischen Litteratur (so wie auch grammatisch-lexicographicher,) bis sie besonders durch das Eindringen Muhamedanischer Barbaren in ihren Hauptsitzen am mittleren Ganges zerstört wur-	*Lingua erudita Braminorum in India cisgangetana, consideratu dignissima et ob antiquitatem celeberrimorum eius auctorum, qui primo ante Chr n. saeculo videntur floruisse; ob cognationem, quam cum priscis linguis Persiae Zend et Pehlwi, Europae Graeca, Latina, Germanica, Slavicis habet; ob artificiosam grammaticae structuram flexionumque copiam, maxime in libris sacris; ob uberrimam scriptorum segetem, neque poëtarum modo sed etiam grammaticorum; donec crudelissimis barbarorum Muhamedanismo addictorum incursionibus praecipuae eruditionis eorum sedes ad medium Gangem diruerentur. Devanagra non nisi scripturae generis nomen est. Grandhamica lingua vocatur a missiona-*

de. (Devanagra ist nur Name einer Schrift derselben, Grandhamisch aber Name des Sanskritt von: grand'ha: Buch, bey den Römischen Missionären, die sich auch Malabarischer Schrift dazu bedienen.) Das Sanskritt ist nicht sowohl alleinige Mutter der übrigen ihr nahe verwandten Sprachen, vielleicht selbst nicht des am unmittelbarsten damit zusammenhängenden Pracrit und Pali, als vielmehr von überwiegendst grofsem Einflusse auf die gegenwärtig in Vorder-Indien gesprochenen Sprachen, der Bengalischen, Malabarischen od. Tamulischen, Orissa, Carnata, Mahratta, Telunga, Guzarata, gewesen, so dafs nur ein verhältnifsmäfsig sehr kleiner Theil der Wörter derselben (wie z. B. das Französische im Celtischen) in ursprünglicheren Landesprachen seine Quellen hat.

riis Romanis, qui et litteris Malabaricis in ea scribenda utuntur, a grandha: liber, ut lingua scriptoria. Samscredamica non unica mater est hodiernarum Indiae cisgangetanae linguarum, Bengalicae, Malabaricae s. Tamulicae, Orissensis, Carnaticae, Maratticae, Telingicae, Guzaratticae, fortasse ne proximarum quidem Pracrit et Pali, sed certe tantum vim in eas omnes habuit, ut non nisi minima portio vocabulorum, quibus utuntur, aliunde ex idiomatibus etiam antiquioribus singularum regionum manaverit.

s.

H. T. Colebrooke on the Sanskritt and Pracritt languages in: Asiatical researches T. VII. pag. 199 sqq.

Wörter

Wörter *Vocabula*

s. in

Vocabul. Catharinae n. 172.

Hervas vocabul. poligl. pag. 165 sqq.

Paullinus a S. Bartholomaeo de affinitate linguae, Zendicae, Samscrdamicae et Germanicae Rom. 1798. 4. pag. XX sqq. LII. sq.

F. C. Alter über die Samskrdamische Sprache Wien 1799.

Mithridates T. I. pag. 150 sqq.

(Fr. v. Adelung) rapports entre la langue Sanscrit et la langue Russe Petersb. 1811. 4.

Asiatical researches T. X. pag. 284 sq.

Lexic.

Paullini a S. Bartholomaeo Amerasinha s. dictionarii Samscrudamici Sect. I. de caelo Rom. 1798. 4.

H. T. Colebrooke Cósha or dictionary of the Sanscrit language by Amera Sinha with an English interpretation and annotations. 4.

Grammat.

(J. Chr. Amadutii) alphabetum Brammhanicum s. Indostanicum universitatis Kasí. s. Benarés. Rom. 1771. Ejusd. alphabetum Grandonico-Malabaricum s. Samscrudonicum Rom 1772. 8.

Paullini a S. Bartholomaeo Sidharubam s. grammatica Samscrdamica Rom. 1790. 4

Paullini a S. Bartholomaeo Vyacarana s. locupletissima Samscrdamicae linguae institutio Rom. 1804. 4.

Carey Sungskrit-grammar with examples for the exercise and complete list of the Dhatoos or roots. 4.

Ch. Wilkins grammmar of the Sanskrita language Lond. 1808. 4.

SAPIBOCONA.

In der Provinz los Moxos in der Mitte von Süd-Amerika.

In provincia los Moxos in media America meridionali.

Wörter *Vocabula*

s. in

Hervas vocab. poligl. pag. 164 sqq.
Mithridates T. III. P. II. pag. 571. 576.

SAVA.

Eine noch zu den Molucken gerechnete Insel, welche aber eine von der Malayischen verschiedene Sprache hat.

Insula, quae Moluccis accensetur, lingua vero a Malaica diversa utitur.

Wörter *Vocabula*

s. in

J. Cook voyage in the y. 1772. T. II. Append.
Hawkesworth Geschichte der Seereisen Berl. 1774. T. III. pag. 288 sqq.
S. Parkinson journal of a voyage Lond. 1793. 4. pag. 163 sqq.
Archaelog. Brittan. T. VI. pag. 154.

SCANDINAVIA.

S. die Zweige des Germanisch - Skandinavischen Sprachstammes unter:

Videantur propagines Germanico - Scandinavicae linguarum stirpis sub vocc.

Dänisch, Isländisch, Norwegisch, Schwedisch.

SCHAGGAI s. Agagi.

SCHALCHA s. Mizdscheg.

SCHAMAITISCH s. Litthauisch.

SCHILHA s. Berber.

SCHILLUK.

Eine Neger - Nation im Süden von Dâr-Fûr und im Westen von Habesch; ihr Land durchströmt der Hauptarm des Nils Bahher el Abbiad. Ein Theil dieser Nation hat sich im Anfange des XVI. Jahrh. auch in den Besitz von Sennâr gesetzt.

Nigri terrae Dâr-Fûr a meridie, Abessyniae ab occidente. Nili brachio Bahher el Abbiàd rigatur patria huius populi, cuius pars inde a saec. XVI. terram Sennâr occupavit.

Wörter *Vocabula*

s. in

Mithridates T. III. P. I. pag. 238 sq.

SCHOTTISCH s. Englisch, Celtisch.

SCHWEDISCH.

Die Schwedische Sprache ist ein Zweig der Germanisch - Scandinavischen, aber gemischt mit dem durch Gothen dahin, und zwar in den südlichen Theil Schwedens verpflanzten Gothischen. Sie zerfällt in viele Volks-Dialekte, wovon der eigentliche Schwedische (wozu auch der Dalekarlische gehört) und der Gothische die Hauptarten sind. Auch

Propago Germanico-Scandinavicae linguae haec est, sed mixta vocabulis Germanico-Gothicis, cum Gothi in meridionali Suecia consederint. In complures dialectos vulgares dividitur, quarum praecipuae sunt Suecica sensu artiori sic dicta, ad quam etiam Dalecarlica pertinet, et Gothica. Haec quoque lingua

das Schwedische hat sich in der zweyten Hälfte des XVIII. Jahrh. sehr ausgebildet.	*inde a saec. XVIII. medio curatius exculta est.*

s.

Jo. ab Ihre — J. Boethii disp. de mutationibus linguae Sueo-Gothicae Ups. 1742.

Witterhetts academiens handlingar 1776. T. II.

Gräter Bragur T. III. pag. 511 sqq.

Lexic.

Jo. Ihre glossarium Suio-Gothicum Ups. 1769. T. I. II. f.

Abr. Sahlstedt observationes in glossarium Suio-Gothicum Ihrii Holm. 1773. 8.

* * *

Abr. Sahlstedt Suensk ordbok med Latinsk uttolkning Holm. 1773. 1793. 4.

J. K. Dähnert Deutsch-Schwedisches und Schwedisch-Deutsches Handwörterbuch mit Französ. Bedeut. Strals. 1796. 8.

J. G. P. Möller Teutsch-Schwedisches und Schwedisch-Teutsches Wörterbuch 1782—90. Leipz. 1801—1808. T. I.—III. 4.

J. Björlegren Fransysk och Suensk Lexicon Holm. 1784 86. T. I.—II. 8.

Lexicon Latino-Suecanum Ihre-Lindblomianum. Ups. 1790. 4.

Suensk haandordbog for Danske of J. K. Höst Kiobenh. 1799.

Grammat.

G. A. F. Wallenii project af Swensk grammatica Stockh. 1682. 8.

A. Heldmann Schwedische Grammatik Ups. 1738. 8.

Abr. Sahlstedt Suensk grammatica Holm 1787. 8. übers. Sahlstedt Schwedische Grammatik nach dem Sprachgebrauch unserer Zeiten Lüb. 1796. 8.

G. Sjöborg Schwedische Sprachlehre für Deutsche Strals. 1796. 8.

Dialect.

Jo. Ihre-S. Ullgrund de dialectis linguae Suio-Gothicae Ups. 1758—60.

J. Ihre Swensk-dialect-Lexicon Ups. 1766. 4.

S. Hof dialectus Westro-Göthica ad illustrat. linguae Suecanae veteris et hodiernae, vocabulorum Westro-Göthicorum indice explanata Holm. 1772 8. S. Lüdeke Schwed. Gelehrsamkeits-Archiv Leipz. T. II. pag. 196 sq.

Thorberg utkast tilsen critisk historia om Österländsk spröket Ups. 1785 8.

SEMITISCH.

Es ist herkömmlich, obwohl nicht ganz passend, die mit der Hebräischen geschwisterlich verwandten Sprachen, welche zum Behuf jener vorzüglich studiert worden sind, als von Noah's Sohne: Sem, abstammend: den Semitischen Sprachstamm zu nennen. Er begreift das Hebräische, das Arabische und Aethiopische, das Syrische und Chaldäische mit dem Samaritanischen; und alle oder mehrere dieser eigentlich nicht als Dialekte, sondern wie sehr nahe verwandte, seit der Trennung der Stämme, (gleich dem Dänischen und Schwedischen, dem Polnischen und

Usu venit, quanquam non satis apto, linguas Hebraicae consobrinas studioque potissimum interpretandorum bibliorum caussa cultas, ut a Noae filio Semo progressas, Semiticas vocare. Praeter Hebraicam igitur Arabica cum Aethiopica, Syriaca et Chaldaea cum Samaritana hae sunt, neque pro dialectis unius eiusdemque populi, sed pro linguis tam propinqua cognatione iunctis, quam Danicam inter et Suecicam, Polonicam inter et Russicam intercedit, habendae sunt. Comparantur inter se in libris sequentibus:

Russischen) eigenthümlich ausgebildelte Sprachen anzusehenden Idiome. Sie sind zusammen gestellt worden in

Br Waltoni dissert. de linguis orientalibus v. ejus Biblia polyglotta.

Memoires de l'Academie des inscriptions T. XXXVII.

J. A. Tingstadii diss. de natura et indole linguarum orientalium communi Ups. 1770. 4.

S. F. G. Wahl allgemeine Geschichte der morgenländischen Sprachen und Litteratur Leipz. 1784. 8.

C. G. Anton Unterscheidungszeichen der orientalischen und occidentalischen Sprachen Leipz. 1792. 8.

Lexic.

Schindleri lexicon pentaglotton Hebraicum, Chald. Syr. Thalmudico-Rabbin, et Arab. 1612. 1695. f.

Edm. Castelli lexicon heptaglotton Hebr. Chald. Syriac. Samarit. Aethiop. Arabicum etc. acc. harmonica grammatices delineatio Lond. 1669. f.

Grammat.

Br. Waltoni introductio ad lectionem linguarum Hebr. Chald. Samar. Syr. Arab. (Pers. Armen. Copt.) Lond. 1653. 12.

J. H. Hottingeri grammat. Hebr. Chald. Syr. Arab. Heidelb. 1659. 8.

J. G. Hasse practischer Unterricht über die gesammten (biblisch-) oriental. Sprachen Jen. 1786—95. T. I.—IV. 8.

J. Feſsler institut. ling. Hebr. Chald. Syr. Arab. Vratisl. 1787—89. T. I. II. 8.

J. S. Vater Handbuch der Hebr. Syr. Chald. und Arabischen Grammatik Leipz. 1802. 8.

SENECA.

Eine der sechs (ehemals fünf) verbündeten Nationen in Nord-Amerika, um Tenessee-castle und Fort Niagara mit ihrer zum Mohawk-Stamme gehörigen Sprache.

Una ex sex (quondam quinque) gentibus foederatis Americae septentrionalis, quae in vicinia castellorum Tenessee et Niagara habitat et cuius lingua ad stirpem Mohaw pertinet.

Wörter *Vocabula*

s. in

B. Smith-Barton new views of the origin of the tribes of America Philad. 1798.
Mithridates T. III. P. III. 3. S. III. D.

SERAWALLI, SERRAWALLI.

SERACOLET.

Neger-Staat im Süden vom Senegal, im Osten von Bondu, im Norden und Nordwesten von Bembuk.

Nigri fluminis Senegal a meridie terrae Bondu ab oriente, terrae Bembuk inter septentrionem et occidentem.

Die Zahlwörter *Numeralia*

s. in

Mungo Park Reise übers. Berl. pag. 55.
Mithridates T. III. P. I. pag. 161.

SERBEN.

In der Lausitz, auch: Wenden genannt, Reste der nordwestlichsten Zweige des westlichen Astes des Slawischen Sprachstammes,

Sorabi vel Venedi in Lusatia supersunt e propaginibus septentrionalibus stirpis occidentalis populorum Slavicorum, welche sich ehemals auch über die Marken und westlich durch das Meifsnische bis über die Saale erstreckten. Die Sprache hat durch die Mischung mit dem Deutschen gelitten, ist aber doch in den zwey Haupt-Dialekten der Ober- und Nieder-Lausitz erhalten, von deren Neben-Dialekten in jener der Budissinische oder Bauzensche, in dieser der Cottbusische die reinsten sind, worin die Religions-Schriften abgefafst worden.

quondam et Marchiarum Misniaeque incolae ipsam Salam transgressi. Lingua, quanquam immiscendis vocabulis Germanicis plus minusve corrupta, in duabus dialectis servata est Lusatiae superioris et inferioris, quae quidem denuo in alias dividuntur; illius Budissensis, huius Cotbusiensis puriores haberi solent. Utraque libris sacris edendis inserviit.

Wörter *Vocabula*

s. in

Vocabul. Catharinae n. 6. 7.

Lexic.

G. A. Swotlik vocabularium Latino-Serbicum Budiss. 1721. 8.

Grammat.

G. Matthäi Wendische Grammatik Budiss. 1721. 8.

Character der Oberlausitzischen Sprache i. d. Lausitz. Monatsschrift. 1797. pag. 212 sqq. 337 sqq.

J. G. Hauptmann Niederlausitzische Wendische Grammatik Lübben 1761. 8.

SERERES, SERRERES.

Neger-Völkerschaft in der Nähe der Mandingo und der Yaloff auf der Küste

Nigri in littore Africae occidentalis, in vicinia populorum Mandingo et

von West-Afrika. Mit der Sprache der letzteren hat die Sererische mancherley Berührungen.

Yaloff, lingua utuntur horum simili.

Wörter

Vocabula

s. in

De Verdun de la Crenne voyage fait par ordre du Roi en 1771. 1772. Par. 1779. T. I. pag. 180. Mithridates T. III. P. I. pag. 158 sqq.

SERWIEN.

Die südöstlichsten Zweige des östlichen Hauptastes des Slawischen Sprachstammes in Serwien, Bosnien, Bulgarien, Illyrien reden einerley Sprache mit wenig unterschiedenen Dialekten, welche auch die Illyrische genannt wird, und besonders in Serwien, dem Altslawonischen der Cyrillischen Bibelübersetzung im Ganzen näher geblieben ist, als andere Slawische Sprachen, aber das gesammte heutige Illyrische ist davon doch durch Aufnahnahme fremder und durch verdorbene Aussprache vieler echt Slawonischer Wörter merklich genug abgewichen.

Propagines nationes Slavicae, quae meridiem inter et occidentem sedent in Servia, Bosnia, Bulgaria et Illyrico, eadem lingua utuntur, quae et Illyrica dicitur, parum diversis dialectis. Servica antiquae Cyrilli bibliorum versioni similior est, quam aliae Slavicae, quanquam et in Illyricam illam linguam peregrina multa intrusa, et pronunciatio vocabulorum antiquorum mutata est.

S. Dolci de Illyricae linguae vetustate et amplitudine Venet. 1754. 4.

Wörter	*Vocabula*

s. in

Vocabular. Catharinae n. 3. 5.

L e x i c.

Slaveno Serbskii i Niemetzkii Lexicon, Deutsch - Illyrisch und Illyrisch - Deutsch (Russicirt.) Wien 1790. 8.

J. Sculli lexicon Latino - Italico - Illyricum Ofen. 1801. 4.

D i a l e c t.

v. Bosnien.

J. J. Micalia dictionarium Illyricum Lauretti 1649. 8.

v. Slavonien.

M. A. Relkovich nova Slovanska i Nimacska grammatika Wien 1789. 8.

M. Lanassovich Einleitung zur Slawonischen Sprache Esseck 1789. 8.

SHAWANNO, SHAWNEE, SAWANNO.

Einer der südlichen Zweige des Delaware - Mohegan - Algonkin - Chippeway-Sprachstammes im östlichen Nord-Amerika und zwar theils hinter Georgien und Carolina am Missisippi unterhalb des Ohio, theils in Pennsylvanien.	*Propago meridionalis stirpis populorum Delaware - Mohegan - Algonkin-Chippeway in Americae septentrionalis ora orientali, et quidem partim in Georgia et Carolina ad flumen Missisippi, partim in Pennsylvania.*

Wörter	*Vocabula*

s. in

B. Smith-Barton new views of the origin of the tribes of America Philad. 1798.

Mithridates T. III. P. III. 3. S. IV.

SHEBAYI.

An der Nordküste von Süd - Amerika in der Gegend von Cayenne.	*In littore septentrionali Americae meridionalis ad fluvium Cayanam.*

Wörter *Vocabula*

s. in

J. de Laet novus orbis L. B. 1633. pag. 642.

SHOWIAH v. Berber.

SIAM v. Thay.

SINA v. China.

SINGALESISCH s. Cingales.

SIRJÄN.

Im Archangel-Gouvernement im nördlichen Russland in der Nachbarschaft und nahe verwandt mit der Sprache der Permier, welche einige Aehnlichkeit mit der Finnischen zeigt.

In Russiae septentrionalis provincia Archangelica, Permiis coniuncti et sedibus et lingua, quae etiam cum Fennicis aliquam similitudinem habet.

Wörter *Vocabula*

s. in

G. F. Müller Sammlung Russischer Geschichte T. III. pag. 383 sqq.

Vocabul. Catharinae n. 59.

S. Gyarmathi affinitas linguae Hungaricae cum Fennicis pag. 184.

J. Lepechin Tagebuch über seine Reise durch verschiedene Provinzen des Russischen Reichs Altenb. 1774—76. T. III. pag. 153 sqq.

SKOFFEE.

Ein nördlicher Zweig des Algonkin - Mohegan - Delaware - Chippeway - Sprachstammes in Acadien.

In Acadia, propago septentrionalis populorum Algonkin - Mohegan - Delaware - Chippeway.

Wörter	*Vocabula*
s.	in

Transact. of the historical society of Massachusets T. VI. pag. 16 sqq.

Mithridates T. III. P. III. 3. S. IV.

SLAWISCH.

Der Slawische Sprachstamm begreift die Russische, Serwisch - Illyrische, Windische und die Böhmische, Polnische, Wendische Sprache unter sich. Die Alt-Slawische oder Alt-Slawonische Sprache ist die Sprache der Cyrillischen Uebersetzung des neuen Testaments und der Psalmen im IX. Jahrhundert, am nächsten verwandt mit der älteren Serwischen Mundart, und noch die Kirchensprache Serwiens und Russlands.	*Stirps linguarum Slavicarum etiamnum comprehendit ab una parte propagines orientali - meridionales: Russicam, Servico - Illyricam, Windicam, ab altera occidentali - septentrionales: Polonicam, Bohemicam, Sorabicam. Polabicam. Slavonica vetus lingua versionis N. Tti psalmorumque, quam Cyrillus eiusque frater Methodius medio saec. IX. scripserunt, in sacris Russiae et Serviae servata, similior est hodiernae Servicae dial cto, quam reliquis illis.*

Wörter	*Vocabula*
s.	in

Vocabular. Catharinae n.

Lexic.

Pambi Beryndae lexicon Slaveno - Russicum Kiew 1627. 1653.

Th. Polycarpi dictionarium trilingue h. e. dictionum Slavonicarum, Graecarum et Latinarum thesaurus Mosk. 1704. 4.

Petr. Alexiewitsch zerkowii slowar T. I. — III. Peterb. 1794. 8.

Grammat.

F. C. Alter Litteratur der Slawischen Grammatiken in d. Miscellaneen Wien 1799. pag. 114 sqq.

* *
*

Melitii Smotriski grammaticae Slavonicae regulare syntagma Wiln. 1619. 8.

Grammatica Mosk. 1721. 8.

Abr. Mrazowicz rukowodstwo k' Slawenstiei grammaticie Wienn. 1794. 8.

SOCIETÄTS-INSELN.

In Australien zwischen den freundschaftlichen und den niedrigen Inseln. Wörter ihrer Sprache sind besonders auf der vornehmsten dieser Inseln, Otaheite, aufgenommen, s. Otaheite.

In Australia insulae Societatis amicas inter et humiles. Lingua earum maxime innotuit e vocabulis praecipuae, quae Otahiti dicitur, quam v.

SOKKO.

Ein Neger-Volk im Innern des westlichen mittleren Afrika, an die Amina gränzend. Nach Sprachähnlichkeiten haben sie mit den Mandingo und Jallonka Zusammenhang.

Nigri in interiori ora occidentali Africae mediae. Lingua similitudinem habet cum linguis populorum Mandingo et Jaloff.

Wörter — *Vocabula*

s. in

C. G. A. Oldendorp Geschichte der Mission der evangel. Brüder Barb. 1777. pag. 346.

Mithridates T. III. P. I. pag. 169.

SOURIQUOIS.

Eine Völkerschaft in Acadien, deren Sprache ein Zweig des Algonkin-Mohegan-Delaware-Chippeway-Stammes war.

Populus Acadiae, lingua ad stirpem Algonkin-Mohegan Delaware-Chippeway pertinet.

Wörter — *Vocabula*

s. in

de Laet novus orbis L. B. 1633 pag. 52 sq.
Mithridates T. III. P. III. 3. S. IV.

SPANISCH.

Diese, sich durch Ernst und Nachdruck auszeichnende Tochter der Lateinischen Sprache scheint in der Aussprache ihrer Mutter am ähnlichsten geblieben zu seyn. Zurückgedrängt nach der Eroberung Spaniens durch die Saracenen, von dem Arabischen, von dessen Einflusse noch Spuren im Spanischen sichtbar sind, konnte sich die ältere Sprache nur mit dem Wachsthume ihres Gebietes wieder ausbilden, theils im Arragonischen Reiche in Nachbarschaft und Verbindung mit der dem Provençalen verwandten Cataloni-

Gravitate matri similis Hispanica, Latinae linguae filia, cuius pronunciationem magis, quam sorores videtur conservasse. Ex quo Hispania paene tota a Saracenis occupata est, quorum linguae vestigia ibi manserunt, pulsa in oram septentrionalem montosam lingua vetus haud prius, quam regnum Christianum accrevit, denuo excolebatur, cum in Arragonia vicina Cataloniae, cuius dialectus Provinciali linguae cognata erat; tum in Castilia, cuius dialectus prae reliquis polita lingua scriptoria et

schen Mundart; theils besonders im Castilischen, dessen Mundart am meisten gebildet und die herrschende Schrift- und hohere Umgangssprache desgesammten Spaniens geworden ist. Das Catalanische ist, seitdem es ganz zum Arragonischen Reiche gehört, gleich der Mundart von Valenzia, und der, dem Portugiesischen sehr ähnlichen Gallega in Gallicien, bloſse Volkssprache.

cultiorum totius Hispaniae incolarum extitit. Catalaniae, ut et Valentiae et Galliciae dialecti vulgares sunt, quarum haec Portugallicae linguae similis est.

V.

(Gr. de Mayans i Siscar) origines de lengua Espanola compuestos por varios autores recogidos Madr. 1737. T. I. II. 8.

Fr. Lopetz compendio de algunos vocablos Arabicos introducidos en lengua Castellana Antequ. 1600.

Lexic.

A. Antonii Nebrissensis dictionarium Latino-Hispanicum et Hispanico-Latinum 1560 Madr. 1751. f.

Diccionario de la lengua Castellana compuesto por la real Academia Espanola Madr. 1726—1739. T. I—VI. f.

Steven Spanish and English dictionary 1726. 4.

Sejournant dictionaire Espagnol, François et Latin Par. 1759. 1775. T. I. II. 4.

P. Est. de Terreros y Pando diccionario Castellano con las voces de ciencias y sus correspondientes en las tres lenguas Franc. Lat. y Ital. completado por Mig. de Manuel Madr. 1786. T. I—IV. f.

Gattel nouveau dictionaire Espagnol et François Lyon 1794. T. I.—IV. 8. 1803. T. I. II. 4.

E. A. Schmidt Handwörterbuch der Spanischen Sprache Leipz. 1795. 1805. T. I. II. 8.

J. D. Wagener Spanisch-Deutsches und Deutsch-Spanisches Wörterbuch Hamb. 1801. 1809. T. I. — IV. 8.

Taschen-Wörterbuch Berl. 1808. T. I. II. 8.

Grammat.

A. Antonio de Nebrixa ars grammaticae Latino-Hispanicae.

Fr. Sobrino grammaire Espagnole et Françoise 1717. par M. Sejournant Par. 1777.

Steven Spanish grammar 1725. 8.

Grammatica de la lengua Castellana compuesta por la real academia Espanola Madr. 1771. 8.

F. G. Barth kurzgefaſste Spanische Grammatik Erf. 1778. 1797. 8.

J. D. Wagener Spanische Sprachlehre Leipz. 1795. 8.

M. de Rueda y Leon gramatica Espanola para el uso de los Franceses con el analysis de otras gramaticas Espanolas que se han publicado en Francia Madr. 1799. 8.

Ramirez abrégé de la grammaire Espagnole Bord. 1802. 12.

J. F. Sandvoss Spanische Sprachlehre Berl. 1804. 8.

Dialect.

Wörter *Vocabula*

s. in

Hervas vocab. poligl. pag. 165 sqq.

R. Twiss travels through Portugal and Spain Lond. 1773. 4. pag. 209 sqq.

Lexic.

Lexicon Latino-Catalanum Barcell. 1560 f.

P. Lacavalleria diccionari de tres lenguas Castellana, Francesa y Catalana Barcell. 1642 12.

J. Lacavalleria gazophylacium Catalano-Latinum.

Subiicitur

Subiicitur irregularium verborum elenchus Barcell. 1696. f.

P. Torra dictionarium s. thesaurus Catalano-Latinus Barcell. 1701. 4.

SUAKEN, SUAKEM, SUACHIM.

In Ost-Afrika in Nubien im 19° 20′ N. Br., eine durch Handel reiche Stadt, durch welche die Karavanen aus Sudan nach Mekka gehen.

In Africa orientali sub 19° 20′ lat. bor. urbs opulenta negotiis mercatorum religiosorumque ex interiori Africa Meccam proficiscentium.

Wörter — *Vocabula*

s. in

Mithridates T. III. P. I. pag. 120 sq.

SUANEN.

Volk im nordwestlichen Caucasus, in den obern Gegenden der Flüsse Zchenifs-tzqali, Enguri und Chobi, im Westen der Bassianischen Tataren, im Süden der kleinen Abasa, im Norden von Mingrelien. Die Sprache ist der Georgisch-Mingrelischen ähnlich, aber voll von fremdartigen Wörtern.

Populus Caucasi, qua septentrionem inter et occasum vergit, haud procul a fontibus fluviorum Zchenifs-tzqali, Enguri et Chobi, Bassianorum ab occidente, Abasae parvae a meridie, Mingreliae a septentrione. Lingua similis est Georgicae maxime Mingrelicae dialecto, sed referta vocabulis peregrinis.

Wörter — *Vocabula*

s. in

J. A. Güldenstädt Reisen durch Russland und im Caucasischen Gebirge T. II. pag. 496 sqq.

Vocabul. Catharinae n. 110.

J. v. Klaproth Reise in den Kaukasus T. II. App. pag. 267 sqq.

SUMATRA v. Batta.

SUMBAWA

Die Insel Sumbava oder Cumbawa in Ost-Indien im Osten von Java und Bali, im Süden von Celebes, hat in den Gegenden, welche dem Sultan von Bima nicht unterworfen sind, eine eigene Sprache, welche manche Berührungen mit der Sprache der Bugis hat.

In India orientali, insularum Java et Bali ab oriente, insulae Celebes a meridie. In ea insulae parte, quae regi gentis Bima subjecta non est, dominatur lingua propria, quae aliquam similitudinem habet cum lingua populi Bugis.

Wörter — *Vocabula*

s. in

Asiatical researches T. X. pag. 199 sqq.

SURATTE v. Guzarate.

SUSDAL s. Russisch.

SUSU.

Negern auf der Westküste von Afrika im Süden des Gambia bey Sierra Leone.

Nigri in littore occidentali Africae, fluminis Gambia a meridie, haud procul a colonia Sierra Leone.

Wörter und grammat. Bemerkungen — *Vocabula et observatt. grammat.*

s. in

Mithridates T. III. P. I. pag. 173 sqq.

Lexic. Grammat.

A grammar and vocabulary of the Susoo language Edinb. 1802. 8.

SYRISCH.

Die alte Sprache von Aram, d. i. Syrien bis nach Babylonien hin, ist mit der Babylonischen oder Chaldäischen Sprache zunächst verwandt, jene das West-, diese das Ost-Aramäische, und beyde sind Halbschwestern des Hebräischen und Arabischen, alle Zweige des Semitischen Sprachstammes. Sie ist bey der Verbreitung der Nestorianischen Kirche tief in Asien, und auch noch zur Zeit der Keuzzüge in Syrien geschrieben worden.

Vetus lingua Aramaea s. Syriaca, super Syriam ad Babyloniam usque extensa, simillima est Babylonicae, quae et Chaldaica dicitur, ita ut ex genuinis his sororibus illa Aramaea occidentalis, haec orientalis appelletur. Utriusque consobrinae sunt Hebraica et Arabica, propagines stirpis linguarum Semiticae. Cum ecclesia Nestoriana s. Persica per maximam Asiae mediae partem propagaretur, lingua Syriaca latius patuit, neque expeditionum cruciatarum aetate scriptoribus caruit.

Lexic.

Edm. Castelli lexicon heptaglotton Lond. 1686 sq. Edm. Castelli lexicon Syriacum ex eius lexico heptaglotto seorsim typis describi curavit atque sua annotata adiecit J. D. Michaelis Gott. 1788. 4

N. T. Syriacum ed. C. Schaaf L. B. 1709. 1717. T. I. II. 4.

N. T. Syriacum ed. Aeg. Gutbier Hamb. 1664. 4.

G. G. Kirschii chrestomathia Syriaca c. lexico Hof. 1789. 8.

Grammat.

Chr. B. Michaelis Syriasmus Hal. 1741. 4.

(J. A. Schultens) institutiones Aramaeae (incomplet)

J. D. Michaelis grammatica Syriaca Hal. 1784.

Dialect.

Norberg de religione et lingua Sabaeorum.

N. Tti versiones Syriacae, simplex, Philoxeniana et Hierosolymitana illustr. G. Chr. Adler Hafn. 1789. 4.

SYUAH s. Berber.

T.

TAGALA.

Eigentlich Tá-Gála d. i. die Gala-Sprache, welche in den Philippinischen Inseln neben der Bissaya, mit der sie verwandt ist, als fast allgemein verbreitete Sprache herrscht.

Rectius Tá gála scribitur nomen linguae, quae in insulis Philippinis magis, quam cognatà Bissaya, dominatur.

Wörter — *Vocabula*

s. in

J. R. Forster Bemerkungen auf seiner Reise um die Welt. pag. 254.

Vocabular. Catharinae n. 187.

Hervas vocab. poligl. pag. 164 sqq.

F. C. Alter über die Tagaliche Sprache Wien 1802. 4.

Lexic.

Pedr. de S. Buenaventura vocabulario de la lengua Tagala 1613.

Al. de Mentrida vocabulario de las lenguas de las Filippinas 1637. 4.

Dom de los Santos vocabulario de la lengua Tagala. Tayabas 1703.

Juan de Noceda y Pedr. de S. Lucar vocabulario de la lengua Tagala Manill. 1754. f.

Grammat.

Aug. de la Magdalena arte de la lengua Tagala 1669. 8.

Thom. Ortiz arte y reglas de la lengua Tagala. 4.

Franc. de S. Joseph arte de la lengua Tagala.

Gasp. de S. Augustin arte de la lengua Tagala 1703. 1787.

Sebast. de Totanes arte de la lengua Tagala y manuel Tagalog. Sampaloc 1745. 4.

TAITI v. Otahiti.

TAIGINZ.

Taiginzen und Karagassen in Sibirien an der Tassewa, die in die obere Tungusca fällt, mit den Samojeden verwandt.

Taiginzi et Karagassi in Sibiria ad fluvium Tassewa, qui in superiorem Tunguscam illabitur, cum Samojedis affinitatem habent.

Wörter s. in — *Vocabula in*

P. S. Pallas Reise durch verschiedene Provinzen des Russischen Reichs T. III. pag 374. Auszug T. III. pag. 280 sqq.

Vocabul. Catharinae n. 131.

TAMANACA.

In Süd-Amerika am Orinoco, verwandt mit dem Caraibischen, noch näher mit andern Mundarten am

In America meridionali ad flumen Orinoco. Lingua cognationem habet cum Caraibicis; propio-

niedern Orinoco, an welchem dieselbe fast überall verstanden wird. Sie ist ausgezeichnet durch ihren Reichthum an Verbal-Formen.

rem etiam cum dialectis fluminis illius inferioris, ubi fere ab omnibus intelligitur. Insigni flexionum verborum copia gaudet.

Wörter *Vocabula*

s. in

F. S. Gilij saggio di storia Americana T. III. pag. 375 sqq. 386 sqq.
Hervas vocab. poligl. pag. 164 sqq.
Mithridates T. III. P. II. pag. 696 sq.

Grammat.

Gilij l. c. pag. 171 sqq. 320 sqq.
Mithridates l. c. pag. 656 sqq.

TAMAZEGT v. Berber.

TAMBI v. Akkra.

TAMUL v. Malabar.

TANNA.

Insel, die zu den neuen Hebriden im Westen der freundschaftlichen Inseln gerechnet wird.

Insula Australiae, quae novis Hebridibus amicarum ab occidente sitis accensetur.

Wörter *Vocabula*

s. in

J. R. Forster Bemerkungen auf seiner Reise um die Welt pag. 254.
Vocab. Catharin. n. 193.

TANGUT.

Tangut od. Tibet, ein merkwürdiges, großes Land, der Mittelpunct der Lamaischen Religion, mit einer fast einsylbigen, noch nicht genug bekannten Sprache.	*Tangut s. Tibet terra ampla, consideratu digna, sedes praecipua religionis Lamaicae. Lingua fere monosyllabica nondum satis innotuit.*
Wörter	*Vocabula*

s. in

P. J. v. Strahlenberg Historie der Reisen in Russland. Siberien und der großen Tatarey Leipz. 1730. pap. 56.

Vocabular. Catharin. n. 165.

Wörter und grammat.. Bemerk.	*Vocabula et observ. grammat.*

s. in

J. Chr. Amadutii alphabetum Tangutanum s. Tibetanum Rom 1773. 8.

TARAHUMARA.

Im nördlichsten Theile des Spanischen Amerika, zu Neu-Biscaya gerechnet, im Osten von Tepeguana bis zum 30° N. Br. Die Sprache, welche eine gewisse grammatische Ausbildung zeigt, hat manche den Mexicanischen ähnliche Wörter.	*In America Hispanorum maxime septentrionali, provinciae Tepeguanae ab oriente usque ad 30° lat. bor. pars nova Biscayae. In lingua, regulis grammaticis non destituta, vocabula Mexicanis similia insunt.*
Die Zahlwörter	*Numeralia*

s. in

Hervas vocab. poligl. pag. 238.

Lexic.

M. Steffel Tarahumarisches Wörterbuch in: v. Murr Nachrichten von verschiedenen Ländern des Spanischen America Halle 1809. T. I. n. II.

Wörter und grammat. Bemerk.

Vocabula et observ. grammat.

s. in

Mithridates T. III. P. III. 2. S. IV. 3.

TATAR. TARTAR.

Eine Haupt-Nation von Mittel-Asien, neben den Mongolen mit welchen sie seit Dschingis-khan's Herrschaft über beyde oft verwechselt, aber auch in ihren ursprünglichen Sitzen gemischt worden sind. Diese waren und sind der Süden und Südosten des Altaischen und auch des Ural-Gebirges, westlicher bis zur Krimm und dem Caucasus, und südlicher bis zu den ursprünglichen Sitzen der stamm- und sprachverwandten Turkomannen oder dem andern Hauptaste des Tatarisch-Türkischen Stammes. Um Tobolsk, bey den Baschkiren um Katharinenburg, um Orenburg, so wohl im Südosten davon unter den Kirgisen und in Dschagatai, als im Nord-

Inprimis notanda Asiae mediae natio post Mongolos, quibuscum, ex quo Dschingiskhan utrisque imperitavit, perperam saepe confunduntur, sed et revera in sedibus patriis mixti sunt. Has habuerunt Altaicorum montium a meridie austroque, et occidentem versus usque ad Chersonesum Tauricam Caucasumque patuere, meridiem versus usque ad sedes proprias Turcomannorum origine et lingua illis cognatorum, quippe quibus altera pars priscae Turco-Tataricae stirpis constituitur. Ad Urbem Tobolsk, a Baschkiris, prope Catharinoburgum, Orenburgumque, hinc tum austrum versus a Kirgisis, et in terra Dscha-

westen um Kazan (und zwar in beyden letzteren Gegenden vorzüglich rein) als im Südwesten bis zur Krimm, unter den Nogay und den Bassianen und Kumücken in dem Caucasus (nämlich jener im nordwestlichen, dieser im nordöstlichen Theile desselben) ist das Tatarische mit mehr oder weniger dialektischer Verschiedenheit National Sprache, und war auch die der Völker, welche im Mittelalter über die Wolga zogen, der Chasaren, Cumaner u. s. w. Manche dieser Mundarten zeigen wenige Biegungs-Formen, die übrigen sind auch darin dem Türkischen ähnlich. Die Jakuten und die Uiguren sind stamm- und sprachverwandt mit den Tataren.

gatai, tum versus septentrionem circum Casan, tum occidentem inter et meridiem usque ad Chersonesum Tauricam a tribubus Nogay, Bassian, Cumück, quarum duae illae in parte Caucasi septentrionali-occidentali, hae in orientali commorantur, linguae Tataricae paullo magis minusve diversae dialecti (puriores quidem in regionibus Dschagatai et Casan) usurpantur, eaque usae sunt gentes, quae medio aevo Wolgam traiecerunt, ut Chazari, Cumani etc. Aliquot dialecti flexionibus tantum non carere videntur; quibus aliae utuntur, Turcicis similes sunt. Jguri et Jakuti stirpe et lingua cognati sunt Tatarorum.

Lexic. Grammat.

Jos. Higanow grammatika Tatarskawo jasyka sotschinennaja w Tobolskoi glawnoi Schkolie Peterb. 1801. 4.

Jos. Higanow slowa korennyja nuschnjeischija dla obutschenija Tatarskomu jasyku Peterb. 1801. 4.

Jos. Higanow slowar Rossisko-Tatarskii Peterb 1801. 4.

Nijät Baku Atnometew i Jos. Higanow bukwar Tatarskawo i Arabskawo pisma. Peterb. 1802. 4. pag. 16 sqq.

Wörter der verschiedenen Mundarten, auch der der Barabinken zwischen dem Ob und Irtisch u. a. und der, ein mit dem Mongolischen vermischtes Tatarisch redenden Kangat und Teleut im Krasnojarischen Gebiet in Sibirien zur linken Seite des Jenisei

Vocabula variarum dialectorum, ut et eius, qua Barabinzi inter flumina Ob et Irtisch utuntur, et tribuum ex Tataricis et Mongolicis vocabulis mixta dialecto loquentium Kangat et Teleut in praefectura Krasnojarica Sibiriae in sinistra ripa fluminis Jenisei

v. in

Vocabul. Catharinae n. 89—102. 104.

Einiger *aliquot dialectorum*

J. B. Scherer nordische Nebenstunden Frkft. a. M. 1676. pag. 21. 76.

P. S. Pallas Reise durch vershiedene Provinzen des Russischen Reichs. T. II. pag. 678. T. III. pag. 345. 355. 399.

J. A. Güldenstädt Reisen durch Russland und im Caucasischen Gebirge T. II. pag. 545 sqq.

Viele Wörter und Formen der

Multa vocabula et flexiones, quibus

Nogay, der Karatschai, welche ein Stamm der Bassianen am Ursprunge des Kuban-Flusses sind, und der Kumücken

Nogay, Karatschai Bassianorum tribus ad fontes Hypanis, et Kumük utuntur

v. in

J. v. Klaproth Reise in den Kaukasus T. II. Append. pag. 275 sqq.

TELEUT s. Tatar.

TELINGAH, TELLINGA, TELONGOU, TELUGA, TAILANGA, TALENGA, TILANGA.

Unter diesen Namen wurden ehemals ausgedehnte Gegenden an der Nordost-Küste der Halbinsel diesseits des Ganges begriffen, in welchen auch noch diese Nation den gröſsten Theil der Bevölkerung ausmacht. Ihre Sprache enthält mehr Sanskritt als die andern davon ausgehenden Indischen Sprachen.

Hoc quondam nomen amplae regionis littoris septentrionali-orientalis cisgangetanae Indiae, cuius incolarum maxima pars etiamnum antiquae originis est. Lingua eorum etiam plus Samscredamicorum vocabulorum habet, quam reliquae Indorum dialecti.

Wörter *Vocabula*

s. in

Th. Hyde syntagma dissertationum ed. G. Sharpe App. T. XIII.

Grammat. Bemerk. *Observat. grammat.*

s. in

B. Schulz conspectus litter. Telug s. Warug. secundum figurationem et vocalium et consonantium nec non earundem multifariam variationem Hal. 1747. 4.

TEMBU.

Tembu oder Attembu, Afrikanische Negern, welche mit den Kassenti und Amina gränzen, und weiter von der Küste als diese wohnen.

Nigri Africani Cassentis et Aminis confines, in regione paullo interiori.

Wörter	*Vocabula*

s. in

C. G. A. Oldendorp Geschichte der Mission pag. 346
Mithridates T. III. P. I. pag. 217 sq.

TERNATE.

Eine Molukkische Insel.	*Insula Molucca.*

s. Malay.

TEUTON. v. German. Deutsch.

T'HAY.

Volk und Sprache von Siam in Hinter-Indien, welche mit dialektischer Veränderung einiger Consonanten in verschiedenen Gegenden dieses Reiches gesprochen wird.	*Populus et lingua regni Siamici in India transgangetana, cuius dialecti aliquot sunt inter se paullum discrepantes.*

Wörter	*Vocabula*

s. in

Asiatical researches T. V. pag. 228 sq. T. X. p. 273 sqq.

TIBBO.

In Nordost - Afrika südöstlich von Fezzan und westlich der Sandwüste, die an Aegypten reicht. Ihre Sprache scheint verwandt mit der der Berber.	*Africae septentrionali-occidentalis gens, Fezzaniae ab austro, deserti, quod usque ad Aegyptum vergit, ab occidente. Lingua Berbericae similis videtur.*

Die Zahlwörter	*Numeralia*

s. in

Fr. Hornemann Tagebuch der Reise von Cairo nach Murzuk Weim. 1803. — Voyage de Fr. Hornemann trad. et augm. p. L Langles Par. 1803.
Mithridates T. III. P. I. pag. 57.

TIBET s. Tangut.

TIDOR.

Eine Molukkische Insel.	*Insula Molucca.*

s. Malay.

TIGRE s. Argubba, Havasa.

TIMANEY.

An der Westküste von Afrika im Süden des Gambia in der Nähe von Sierra Leone.	*In littore occidentalis Africae, Gambiae a meridie, haud procul a colonia Sierra Leone.*
Wörter	*Vocabula*

s. in

Th. Winterbottom account of the native Africans in the neighbourhood of Sierra Leone Lond. 1803. 8.

TIMOR.

Eine Molukkische Insel.	*Insula Molucca.*

s. Malay.

TIMUACA.

Sprache um S. Augustin, der Hauptstadt von Ost-Florida.	*Lingua Floridae orientalis in vicinia urbis capitalis a S. Augustino appellatae.*

Wörter *Vocabuln*
s. in

Hervas aritmet d. naz. pag. 113.
Hervas origine, formaz. meccan. degl' idiomi pag. 180. n. LXV.

TOTONACA.

In Mittel-Amerika im Osten von Mexico an der Küste. Von der eigenthümlichen Sprache dieses Volkes sind zwey Dialekte durch Proben bekannt.

In America fere media, urbis Mexico ab oriente ad littus maris. Propriae eorum linguae duae dialectus innotuerunt.

Wörter u. Grammatik *Vocabula et grammaticen*
v. in

Jos. Zambrano Bonilla arte de lengua Totonaca: Ueva anadido una doctrina de la lengua de Naolingo con algunas vozes de la lengua de aquella sierra y de esta de aca — author Fr. Dominguez Puebla. 1752. 4.
Mithridates T. III. P. III. 2. S. III. 2.

TRUKMENEN s. Türken.

TSCHAPOGIR s. Tungus.

TSCHERAKE s. Cheerake *)

TSCHERA s. Agow.

TSCHEREMISS.

Volk und Sprache in Kasan und Nischnei Nowgorod an der Wolga. Die Sprache gehört zu denen,

Populus Russiae Asiaticae provinciarum Casan et Nischni Nowgorod ad Wolgam. Lingua ad eas

*) Eben so TSCHILI, TSCHIPPEWAY s. Chi.

welche man ohne Grund zu dem Tschudischen Stamme gerechnet hat, ob sie wohl nur Berührungen mit demselben, so wie mit dem Tatarischen zeigt.

pertinet, quae Fennicis s. Tschudicis accensebantur, quanquam non nisi similitudinem cum his, aeque ac cum Tataricis habet.

Wörter *Vocabula*

s. in

J. E. Fischer Sibir. Geschichte T. I. pag.

G. F. Müllers Sammlung Russischer Geschichte Peterb. 1732—64. T. III. pag. 382.

Vocabular. Catharinae n.

S. Gyarmathi affinitas linguae Hungaricae cum linguis Fennicae originis pag. 190 sqq.

Grammat.

Grammat. jasyka Tscheremiss. Peterb. 1775. 4.

Mithridates T. I. pag. 543 sq.

TSCHERKESS. TSCHERKASS (CIRCASSIER.)

In der grofsen und kleinen Kabarda, d. i. zwischen den Flüssen Sundsha, Terek, Malka, und dem Fufse des nördlichen Hauptgebirges des Caucasus. Einige Stämme wohnen auch jenseits des Flusses Kuban nach dem schwarzen Meere zu. Ihte eigenthümliche Sprache zerfällt in mehrere Dialekte, und scheint Berührungen mit den Sprachen der Wogul, Ostiak zu zeigen; durch gegenseitige Aufnahme hat sie manche

In magna et parva Cabarda, inter fluvios Sandshu, Terek, Malca et radices summorum Caucasi septentrionalis montium. Aliquot tribus Hypanim trajecerunt, et ponto Euxino propius commorantur. Linguae huic populo propriae plures dialecti sunt. Cognationem aliquam cum linguis Ostiacorum Wogulorumque habere videtur, vocabula etiam Tatarica recepit, nec non Abussica aliquot,

den Abassischen ähnliche Wörter, auch manche Tatarische hat sie aufgenommen.

quanquam plus Abassi ex Tscherkessorum lingua traxerunt.

Wörter | *Vocabula*

s. in

J. A. Güldenstädt Reisen in Russland und dem Caucasischen Gebirge T. II. pag. 527 sqq.

Vocabul. Catharinae n. 111.

J. Reineggs allgemeine historisch-topographische Beschreibung des Caucasus Gotha u. Petersburg 1696. 8. T. I. pag. 247 sq.

J. v. Klaproth Reise in den Kaukasus T. II. Append. pag. 236 sqq.

Grammat.

J. v. Klaproth l. c. pag. 231 sqq.

Dialect.

des am Kuban wohnenden Stammes Hattiquähe

ad Hypanim habitantis tribus Hattiquähe

s.

J. v. Klaproth l. c. pag. 244 sqq.

TSCHETSCHENZ s. Mizdsheg.

TSCHOKA s. Aino.

TSCHUDEN s. Finnen.

TSCHUGAZZI.

Ein westlicher Zweig des Eskimo - Stammes in der Nähe des Prinz Williams-Sundes zwischen den Kinai und Ugaljachmutzi.

Propago occidentalis stirpis Eskimo, haud procul a sinu principis Guilielmi sedens inter populos Kinai et Ugaljachmutzi.

Wörter

Wörter *Vocabula*

s. in

Mithridates T. III. P. III. 3. S. V.

TSCHUKTSCHI.

In dem nordöstlichsten Asien, wo es, durch die Beeringsstraſse von Amerika getrennt, sich am weitesten bis zu diesem Welttheile erstreckt. Die nomadisirenden Tschuktschen reden eine der Koräkischen, die sesshaften eine der Konägischen in Kadjak sehr verwandte Sprache und letztere gehören also zum östlichen Aste des Eskimo-Stammes.

In Asia septentrionali-orientali, qua Americae proxima est. Pars populi incertis sedibus vagans lingua utitur Koraecorum, pars fixis sedibus gaudens Konaegorum simillima; haec itaque manifesto ad propagines orientales stirpis Eskimo pertinet.

Wörter *Vocabula*

s. in

Vocabular. Catharinae n. 157.
Journal du voyage de Lesseps a. E.
Billings puteschestwie Peterb. 1811. 4. pag. 102 sqq.
Mithridates T. I. pag. 563. T. III. 3. S. V.

TSCHUWASCH.

Im Asiatischen Russland in Kasan und Ufa. Die Sprache hat manche Berührung mit dem Finnischen oder Tschudischen, und gehört unter die ohne hinlänglichen Grund zu diesem

In Russiae Asiaticae provinciis Casan et Ufa. Linguae insunt vocabula Fennicis similia, quam ob rem ipsis Tschudicis linguis perperam accensebatur. Majorem vim

Sprachstamme gerechneten Sprachen, hat aber unter einem gröſseren Einflusse des Tatarischen gestanden, von dem es viele Wörter und grammatische Formen angenommen hat.

iu eam habuit Tatarica, cuius multa vocabula et grammaticas flexiones nonnullas recepit.

Wörter *Vocabula*

s. in

G. F. Müller Sammlung Russischer Geschichte Peterb. 1732—64. T. III. pag. 382 sqq.

Vocabular. Catharinae n. 64.

S. Gyarmathi affinitas linguae Hungaricae cum linguis Fennicae originis pag. 189 sqq.

Grammat.

Grammatika jasyka Tschjuwasch Moskw. 1769. Peterb. 1775. 4.

TUARYCK s. Berber.

TUNKIN s. Annam.

TÜRKEN TURCAE.

Im ältern und weitern Sinne führt diesen Namen der ganze südliche Hauptast des groſsen Tatarisch-Türkischen Stammes, nämlich alle die Völker, welche im Süden des Vaterlandes der eigentlichen Tataren, und im Osten des Kaspischen Meeres (an dessen nördlichen und westlichen Ufern nur einzelne Truk-

Latiori eoque antiquiori nomine sic appellantur propagines meridionales magnae Tatarico-Turcicae stirpis, quae Tatariae proprie ita dictae a meridie, maris Caspii ab oriente habitarunt, vel inde et ab eiusdem maris meridie progressi sese extenderunt (perpaucae enim tribus Turcicae maris illi-

menische Haufen wohnen) von Turkestan über Choweresm oder Chiwa nach Persien herab, ihr eigentliches Vaterland haben, und von dort aus im Mittelalter (gleich dem frühern Einwirken einzelner Germanen und dann Germanischer Völker auf das Weströmische Reich) bey den Chalifen in Bagdad erst durch Kriegsdienste Ansehen und Kriegserfahrung gewonnen, dann in Turkomannischen Haufen, um den Südwesten des Kaspischen Meers herum ziehend, in Mittel- und Vorder-Asien Reiche gestiftet haben, von denen ein späteres, das der Osmanischen Türken, jetzt ausschliesslich diesen Namen führt. Die Sprache der letzteren, welche die Türkische im gewöhnlichen engeren Sinne heisst, hat viele Wörter und Constructionen aus der Arabischen und Persischen angenommen.

us a septentrione, qua occidentem spectat, commorantur.) Quod Germanorum quo quis audacior erat, in exercitibus Romanis militans, universaeque tribus Romanum imperium invadentes, idem utroque modo Turcae egerunt sub Bagdadensibus Muhamedis successoribus, regna in Asia vicina condiderunt quorum quod serius condebatur Osmanicum, Europae ipsi periculosum, nunc solum Turcarum nomen gerit. Huius lingua, quae Turcica augustiori sensu et communiter appellatur, in multis vocabulis eorumque constructione et Persicam et Arabicam imitatur.

(B. a. Jenisch) de fatis linguarum orientalium Arabicae nimirum, Persicae et Turcicae Vien. 1780. f.

Lexic.

Vocabulario Italiano-Greco, Italiano Turcho e Italiano-Tedescho Venet. 1599. 8.

Fr. a. Mesgnien Meninsky lexicon Arabico-Persico-Turcicum Vien. 1680. auct. a. B. a Jenisch Vienn. 1780—1803. f.

Ovan Kouli dictionar. Arab. Turcic. Constantinop. 1728. T. I. II. f.

J. Chr. Clodii compendiosum Lexicon Latino-Turcicum Lips. 1730. T. I. II. 8.

Dictionar. Persic. Turcic. Constantinop. 1742. T. I. II. f.

Grammat.

Fr. Mar. Maggii institutiones linguae Turcicae Rom. 1670. f.

Fr. a. Mesgnien Meninski linguarum orientalium institutiones s. grammatica Turcica, cuius singulis capitibus praecepta ling. Arab. et Pers. subiiciuntur Vien. 1680. f.

J. B. Podesta cursus grammaticalis linguarum orientalium, Arab. scil. Persicae et Turcicae Vienn. 1686. T. I. II. 4.

(P. Holdermann) grammaire Turque ou methode courte et facile pour appendre la langue Turque, à Constantinople 1730. 4.

B. Pianzola grammatica Turca, Latina, Italiana e Greca volgare Padua 1781. 8.

(Jos. de Preindl) grammaire Turque d'une nouvelle methode avec un vocabulaire Berl. 1789. 8.

C. Comidas de Carbognano primi principii della grammatica Turca Rom. et Lips. 1795. 4.

Dialect.

Wörter *Vocabula*

s. in

Vocabul. Catharinae n. 88. 103. 105.

von den Turkomannen od. Kisylbaschi in Daghistan	*Turcomanorum s. Kisylbaschi in provincia Daghistan*

s. in

J. v. Klaproth Reise in den Kaukasus T. II. Append. pag. 275 sqq.

TUNGUS.

Im östlichen Sibirien vom Jenisei an, auch im nord-östlichsten Theile des Chinesischen Reichs über dem Amur, und über den Mandschuren mit welchen sie der Sprache und Abstammung nach verwandt sind. Ihre Sprache zerfällt, wie es bey nomadisirenden, oder auch bey festeren Sitzen nicht enge verbundenen Haufen eines Volkes begreiflich ist, in zum Theil sehr abweichende Mundarten, zu denen auch die der Lamuten zunäschst am Ochotskischen Meere und der benachbarten Tschapogir gehören.	*In Sibiria orientali inde a flumine Jenisei, itemque in imperii Sinensis regionibus septentrionali-orientalibus, a septentrione fluminis Amur et Mantschurorum, quibus stirpe et lingua cognati sunt. Lingua, ut apud gentes, quae vel incertis sedibus vagantur vel tantum laxo societatis vinculo iunguntur, fieri solet, in multas dialectos dividitur, quarum aliquot reliquis dissimiles evaserunt. Eiusdem linguae dialectis utuntur et Lamuti, mari Ocholsco proximi et finitimi Tschapogiri.*
Wörter derselben	*Vocabula earum*

s. in

N. Witsen noord en oost Tartarye T. I. pag. 268 sqq.
Ph. J. v. Strahlenberg Historie der Reisen in Russland, Sibirien u. der grofsen Tartarey pag. 56.
Vocabular. Catharinae n. 138—146
Billings Reise zur Untersuschung des Eismeeres v. Sauer, übers. Berl. 1803. pag. 387 sqq.

Puteschestwie Billingsa isdan. Saritschewym Peterb. 1811 pag. 93 sqq.
Journal historique du voyage de Lesseps Par. 1790.

TUNKIN s. Annam.

TUPI s. Brasil.

TURKOMAN, s. Türk.

TUSCARORA.

Die zuletzt in den Bund der sechs (vorher fünf) Nationen in Nordost-Amerika getretene Völkerschaft, welche aus dem Süden aus Carolina nördlich gezogen war, und deren Sprache mit den andern Zweigen des Mohawk-Stammes Zusammenhang hat. Sie wohnen in der Nähe der Oneidas.

Gens postremo in foedus a quinque populis Americae septentrionalis initum recepta, e meridionali provincia Carolina septentrionem versus progressa, sedibus proxima tribui Oneida; lingua similis ceteris stirpis Mohawk propaginibus.

Wörter — *Vocabula*

s. in

Lawson new view to Carolina Lond. 1709. pag. 231 sqq.
Brickel natural history of North-Carolina Dubl. 1737.
B. Smith-Barton new view of the origin of the tribes of America Philad. 1798.
Mithridates T. III. P. III. 3. S. III. D.

TUSCHI s. Mizdscheg.

U.

UGALJACHMUTZ.

Im Norden der Westküste von Amerika über dem Elias-Berge.	*In littore septentrionali occidentalis Americae, montis Eliae a septentrione.*
Wörter	*Vocabula*

s. in

Mithridates T. III. P. III. 3. S. I. 4.

UIGUR.

Eine alte Völkerschaft Tatarischen Ursprungs, welche im Mittel-Asien zwischen Chami und Turfan in der sogenannten kleinen Bucharey wohnte und noch wohnt, und durch den Einfluſs ihrer Schrift, die vom Nestorianischen Christenthum auszugehen scheint, im Mittelalter merkwürdig ist.	*Iguri prisca gens Tataricae originis in media fere Asia inter urbes Chami et Turfan in parva, quae dicitur, Bucharia habitavit et adhuc habitat, memoratu digna ob vim, quam eius scripturae genus, verisimiliter a Christianis Nestorianis profectum, medio aevo in Mongolorum imperio habuit.*
Wörter	*Vvcabula*

s. in

J. v. Klaproth über Sprache und Schrift der Uiguren Halle 1813. 8.

auch in:

J. v. Klaproth Reise in den Kaukasus T. II. pag. 481 sqq.

UNALASCHKA.

Die hauptsächlichste und bekannteste von den Fuchs-Inseln. Die Sprache derselben herrscht mit dialektischen Verschiedenheiten über diese Inseln bis an die Halbinsel Alaksa und hat auf dieser Insel die meiste grammatische Regelmäſsigkeit.

Praecipua inprimisque nota ex insulis Lupinis, quae et Aleuticae vocabulo latissima significatione accepto vocantur. Lingua eius inde usque ad peninsulam Alacsa dominatur, paullo variantibus inter se dialectis; in Unalaschca ipsa curatius quam alibi in formam grammaticam redacta est.

Wörter — *Vocabula*

s. in

J. Cook voyage to the pacific ocean 1776—79. Lond. 1784. T. II. Append. 6.

J. Billings Reise von Sauer, übers. pag. 399 sqq. Puteschestwie Billinga Peterb. 1811 pag. 121 sqq.

Mithridates T. III. P. III, 3. S, V. 2.

UNGAR s. Magyar.

V.

VASKISCH s. Bask.

VILELA.

In Süd-Amerika an den Ufern des Vermejo in der Provinz Chaco in der Nach-

Americae meridionalis in provincia Chaco ad ripas fluvii Vermejo haud

barschaft der Lule, mit deren Sprache die ihrige Verwandtschaft hat.

procul a gente Lule, cuius et illorum lingua cognatae sunt.

Wörter *Vocabula*

s. in

F. S. Gilij Saggio di storia Americana T. III. pag. 363 sqq.
Hervas vocab. poligl. pag. 163 sqq.
Mithridates T. III. P. II. pag. 516 sq.

VIRGINISCH VIRGINIA.

Die unter diesem Namen angeführten Wörter gehören zum Delaware-Moheganschen Stamme.

Quae sub hoc nomine notantur vocabula, stirpis Delaware-Mohegan sunt.

s. v.

B. Smith-Barton new view of the origine of the tribes of America Philad. 1798.

W.

WAICUR.

In Californien an der Westküste von Amerika, in der Mitte jener Halbinsel.

In media California Americae septentrionali-occidentalis peninsula.

Wörter und grammat. Bemerk. *Vocabula et observ. grammat.*

s. in

(Bägert) Nachrichten von der merkwürdigen Halbinsel Californien Mannh. 1773. 8. pag. 175 sqq.
Mithridates T. III. P. III. 3. S. I. 2.

WAIHU - INSELN.

Auch Oster - Pfingst - Inseln genannt in Australien um den 27° S. Br. Die Sprache ist mit der der Societäts - Inseln verwandt.

Quae et Paschatis Pentecostesve insulae dicuntur Australiae sub 27° lat. mer. lingua utuntur cognata dialectis insularum societatis.

Wörter s. in — *Vocabula* in

J. R. Forster Bemerkungen auf seiner Reise um die Welt. pag. 254.

Vocabul. Catharinae n. 198.

WALLACHISCH.

Die Sprache der Wallachey ist ein Gemisch der mit der Herrschaft der Römer dahin verbreiteten Lateinischen und demnächst der Slawischen, aber auch anderer, früher von dortigen Völkern geredeter Sprachen. Die aus ersterer entstandenen Formen nähern sich oft Italienischen. Die Sprache der Rumanje, wie sie sich wegen jenes Zusammenhanges nennen, zerfällt in zwey Haupt-Mundarten: die Siebenbürgisch-Ungarische im Norden, und die Thracisch- oder Kutzo - Wallachische im Süden der Donau. Er-

Lingua Valachica quasi colluvies est dialectorum multarum, quibus populi ibi versantes usi sunt, Latinae cum imperio Romano illuc propagatae, dein maxime Slavicarum aliarumve. Flexiones ex Latina profectae similes sunt Italicis. Lingua, quae ob illum nexum Romanicae nomen affectat, duas praecipue dialectos habet, Transsylvanico-Hungaricam Danubii a septentrione, eiusque a meridie Thracicam s. Cutzo - Valachicam. Illa grammaticis, haec lexicis sequentibus expressa est.

sterer gehören die anzuführenden Grammatiken, letzterer die anzuführenden Wörterbücher an.

L e x i c.

Theod. Anast. Kaballioti πρωτοπειρία. Venez. 1776.

J. Thunmann Untersuchungen über die Geschichte der östlichen Europäischen Völker Leipz. 1774. 8. pag. 181 sqq.

G r a m m a t.

S. Klein u. G. F. Schinkai elementa linguae Daco-Romanae s. Walachicae Vienn. 1780. 8.

J. Molnar Wallachische Sprachlehre Wien 1788. 8.

WALLIS, WALES, WELSH v. Kymri.

WALOFF s. Jaloff.

WARUGISCH s. Teluga.

WATJE.

Negern auf der Westseite von Afrika, tiefer landeinwärts als ihre Nachbaren die Sokko, Amina, Kassenti.	*Nigri Africae occidentalis paullo interiore in regione, quam finitimi populi Socco, Amina, Cassenti.*
Wörter	*Vocabula*

s. in

C. G. A. Oldendorp Geschichte der Mission der evangelischen Brüder. Barby 1777. pag. 346 sq.

Mithridates T. III. P. I. pag. 206.

WAWU.

Negern auf der Westseite	*Nigri Africae occidenta-*

von Afrika im Innern in der Nähe von Dahomey.

lis, paulloque interioris regionis, quam finitimum regnum Dahomey.

Wörter *Vocabula*

s. in

C. G. A. Oldendorp l. c.
Mithridates T. III. P. I. pag. 227 sq.

WENDEN s. Serben.

WENGERSKI.

Vocabul. Catharinae n. 47.
s. Magyar.

WIDAH.

Auch Judah, Fidah genannt, Negern in der Nähe von Ardrah und Dahomey, letzterem unterworfen.

Qui et Judah, Fidah appellantur, Africae occidentalis nigri vicini regnis Ardrah et Dahomey, atque huic subiecti sunt.

Wörter *Vocabula*

s. in

Des Marchais voyage en Guinée et a Cayenne par le P. Labat Par. 1730. T. IV. pag. 670 sqq.
Mithridates T. III. P. I. pag. 206.

WINDEN.

Der westlichste Zweig des östlichen Astes des Slawischen Sprachstammes, in Krain, Kärnthen, Steyermark und Friaul, wo diese Sprache in mehrere Mundarten zerfällt, die sich in

Propago maxime occidentalis stirpis linguarum Slavicarum orientali-meridionalis in Carniolia, Carinthia Styria, Foro Julio. Plures eius sunt dialecti, quarum quae ex-

den nachfolgenden Hülfsmitteln in den Örtern zeigen, wo sie erschienen sind. *pressa sit libris sequentibus, ex loco, ubi prodierunt, existimare licet.*

Lexic.

H. Megiseri dictionarium IV linguarum Germ. Lat. Illyricae, Italicae. Graec. 1591. 8.

Marci a. S. Antonio glossarium Slavicum in supplementum dictionarii Carniolici Vienn. 1792. 4.

J. Gutsmann Deutsch-Windisches Wörterbuch Klagenfurt 1789. 4.

Grammat.

Ad. Bohoritsch arcticae horae succisivae de Latino-Carniolana literatura, unde Moshoviticae, Rutenicae, Polonicae, Boemicae et Lusaticae linguae cum Dalmatica et Croatica cognatio facile deprehenditur. Witeb. 1584. 8. Nov. ed. Grammatica Latino-Germanico-Slavica ed. Hippolytus Labaci 1715.

Marcus a. S. Antonio Krainerische Grammatik Laibach 1768. 8.

J. Gutsmann Windische Sprachlehre Klagenf. 1777. 8.

G. Sellenko Windische Sprachlehre Zilly 1791. 8.

(Kopitar) Grammatik der Slawischen Sprache in Krain, Kärnthen und Steyermark Laib. 1808. 8.

WOCCON.

Ehemals in Nord-Amerika in Carolina, später werden sie nicht weiter erwähnt. *Populus quondam in Americae septentrionalis provincia Carolina degens.*

Wörter *Vocabula*

s. in

Lawson new views to Carolina Lond. 1709. pag. 231 sqq.

Brickel natural history of North Carolina Dubl. 1737.

Mithridates T. III. P. III. 3. S. III. C.

WOGUL.

In Sibirien in der Gegend von Tobolsk an den Flüssen Irtisch und Kama, nördlich vom Ural-Gebirge. Die Sprache ist mit der Ostiakischen verwandt, ist selbst in mehrere Dialekte getheilt, und gehört unter die, welche man ohne Grund zu dem Tschudischen oder Finnischen Stamme gerechnet hat.

In Sibiria haud procul a Tobolsk ad fluvios Irtisch et Kama, montium Ural a septentrione. Lingua Ostiacicae affinis est, et in plures dialectos divisa, ob similia aliquot vocabula perperam Fennicis annumerata.

Wörter *Vocabula*

s. in

G. F. Müller Sammlung Russischer Geschichte Peterb. 1732—64. T. III pag. 382 sqq.

A. L. Schlötzer allgemeine Geschichte von dem Norden Halle 1771. (Allg. Weltgesch. T. XXXI.) pag. 308 sqq.

P. S. Pallas Reise durch verschiedene Provinzen des Russischen Reichs 1772. Ausz. T. III. pag. 54 sqq.

Vocab. Catharinae n. 66—69.

S. Gyarmathi affinitas linguae Hungaricae cum linguis Fennicae originis pag. 190 sqq.

WOLOSCHKI.

in:

Vocabul. Catharinae n. 46 s. Wallach.

WOTJAK.

Im Asiatischen Russland im Kasanschen, im Süden von Perm. Die Sprache

Russiae Asiaticae in provincia Casan, Permiis a meridie. Haec quoque

ist zu dem Tschudischen od. Finnischen Stamme gerechnet worden, mit dem sie Berührungen zeigt, aber sie hängt vornehmlich mit der Tscheremissischen und Permischen zusammen.

lingua Fennicis accensebatur, quacum aliquam similitudinem habet, propiorem vero cognationem cum Tscheremissica et Permica.

Wörter *Vocabula*

s. in

Falk Beiträge zur topograph. Kenntniſs des Russischen Reichs Petersb. 1785. 4. T.III. pag. 463 sqq.

G. F. Müller Sammlung Russischer Geschichte T. III. pag. 382 sqq.

Vocabular Catharinae m 65.

S. Gyarmathi affinitas linguae Hungaricae cum linguis Fennicae originis pag. 190 sqq.

Y.

YACUT s. Jacut.

YAKAIN s. Arrakan.

YALOFF s. Jaloff.

YARURA.

In Süd-Amerika, in den von den Flüssen Meta und Casanare durchströmten Ebenen zur linken Seite des mittleren Orinoko. Sie selbst nennen sich Yapuri. Die Sprache hat manche Wörter der Ottomaca in sich aufgenommen.

In America meridionali ad fluvios Meta et Casanare in sinistra medii Orinoco ripa. Se ipsi Yapuri vocant. In lingum suam aliquot Ottomacorum vocabula receperunt.

Wörter	*Vocabula*

s. in

F. S. Gilij saggio die storia Americana T. III. pag. 212.
Hervas vocab. poligl. pag. 164 sqq.
Mithridates T. III. P. II pag. 650.

Grammat.

Mithridates l. c. pag. 638 sqq.

YO s. Arrakan.

YUCATAN.

In dieser zwischen der Campeche- und Honduras-Bay nach dem Mexicanischen Meerbusen vorragenden Halbinsel wurde eine eigenthümliche Sprache geredet, die man Maja nannte.	*Peninsulae huic Americae mediae inter sinus Campeche et Honduras in mare prominenti propria lingua erat, quae Maia vocabatur.*

Wörter	*Vocabula*

s. in

Hervas vocab. poligl. pag. 164 sqq.

Wörter u. grammat. Bemerk.	*Vocabula et observatt grammat.*

s. in

Mithridates T. III. P. III. 2. II.

Z.

Z.

ZAMUCA.

Im mittleren Süd-Amerika in der Provinz los Chiquitos, ihre Sprache zeigt wenige Berührungen mit benachbarten, und wird in dreyerley Dialekten gesprochen.

In Americae meridionalis eiusque fere mediae provincia los Chiquitos. Lingua finitimis dissimilis in tres dialectos dividitur.

Wörter *Vocabula*

s. in

Hervas vocab. poligl. pag. 163 sqq.

Mithridates T. III. P. II. pag. 570.

ZEND.

Die Religions-Sprache der alten Perser, erhalten in Zend-Avesta (d. i. lebendiges Wort,) den Religions-Schriften der noch jetzt so genannten Parsen (Feueranbeter, Gueber) in ihrer darin bewahrten Gestalt, vielleicht vornehmlich nur religiösen Gebrauchs, aber wahrscheinlich ehedem im alten Medien im Südwesten des Kaspischen Meers geredet, mit einer auffallenden Häufung der Vocale. Sie steht in begreiflichem Verhältnisse

Lingua veteris Persiae, cuius praecipuus in sacris usus, servata in libro Zend-Avesta (quod: vivum verbum, significat,) qui etiamnum Parsorum in India orientali religionis regula est. Eadem Lingua, quanquam forsitan non dialecto illa sacra, verisimiliter quondam Media vetus maris Caspii inter meridiem occidentemque usa est. Abundat vocalibus; similitudinemque habet non modo cum lingua et Pehl-

zu den übrigen Sprachen des alten Persiens (s. Pehlwi, Parsi) aber bemerkenswerth ist auch ihr näheres Verhältniſs zum Sanskritt. Pazend oder Guebri ist ein Gemisch von Wörtern dieser Religions - Sprache mit den Wörtern des Pehlwi und anderer Sprachen beym Religions-Wesen von den späteren und heutigen Feueranbetern gesprochen.

vica et Parsica, sed etiam quod praetermittendum non est, cum Samscredamica. In dialecto, quae Pazend vel Guebri appellatur, vocabula Zendicae linguae Pehlvicis aliisque mixta sunt: hac seriores hodiernique Parsi in sacris utuntur.

Wörter und grammat.. Bemerk.

Vocabula et observ. grammat.

s. in

Anquetil du Perron Zend - Avesta ouvrage de Zoroaster Par. 1771. 4. T. III. pag. 423 sqq. et Memoires de l'Academie des inscriptions T. XXXI.

Zend-Avesta übers. v. J. Fr. Kleuker T. II. pag. 29 sqq. Anh. T. II. P. I.

S. Fr. G. Wahl allgemeine Geschichte der morgenländischen Sprachen und Litteratur Leipz. 1784. pag. 184 sqq.

Paull. a. S. Bartholomaeo de antiquitate et affinitate linguae Zendicae, Samscrdamicae et Germanicae Rom. 1798. 4.

Mithridates T. I. pag. 256 sqq.

Asiatical researches T. X. pag. 282.

ZIGEUNER ZINGARI.

Diese, seit dem Anfange des XV. Jahrh. über Vorder - Asien, Europa und

Cingari saeculo XV ineunte super Asiam occidentalem, septentrionalem

auch Nord-Afrika eingewanderte Nation hat eine eigenthümliche Sprache mitgebracht, welche, so verändert und undeutlich auch vieles Aeltere durch den Einfluſs der wechselnden Orts-Verhältnisse, sie umgebenden Sprachen und ihre Lebensart geworden ist, in ihrer Aehnlichkeit mit den Sprachen des vordern Indiens ihr dort zu suchendes Vaterland verräth.

Africam magnamque Europae partem immigrarunt propria lingua etiamnum utentes, quae, quanquam in antiquam eius formam loca, per quae vagati sunt, vitae genus et linguae, in quarum commercium venere, vim habuerunt, similitudinem eiusmodi prodit cum linguis Indiae cisgangetanae, ut eorum patria illuc quaerenda sit.

Wörter

Vocabula

s. in

J. C. C. Rüdiger neuester Zuwachs der teutschen, fremden und allgemeinen Sprachenkunde Halle 1782. St. I. pag. 63 sqq.

Vocabular. Catharinae n. 166.

H. M. Grollmann historischer Versuch über die Zigeuner Gött. 1787. 8.

Szujew Reise nach Cherson Dresd. 1789. 8.

Archaeologia Britannica T. VII. p. 382 sqq.

Berliner Monatsschrift. 1793. St. II. IV.

Molnar specimen linguae Czingaricae Dbrzin. 1798. 8.

Paullini a. S. Bartholomaeo Anzeige daſs die Zigeuner Indier sind und ihre Sprache ein Dialekt ist, der aus der Samscrit-Sprache entstehet, in: F. C. Alter üb. d. Samskrdam. Sprache Wien 1799. pag. 167 sqq.

Mithridates T. I. pag. 244 sqq.

For EU product safety concerns, contact us at Calle de José Abascal, 56–1°, 28003 Madrid, Spain or eugpsr@cambridge.org.

www.ingramcontent.com/pod-product-compliance
Ingram Content Group UK Ltd.
Pitfield, Milton Keynes, MK11 3LW, UK
UKHW010344140625
459647UK00010B/804

* 9 7 8 1 1 0 8 0 0 6 8 4 2 *